英汉文化比较与翻译实用技巧研究

武 琳 著

全国百佳图书出版单位　吉林出版集团股份有限公司

图书在版编目（CIP）数据

英汉文化比较与翻译实用技巧研究 / 武琳著. -- 长春：吉林出版集团股份有限公司, 2022.6
ISBN 978-7-5731-1562-1

Ⅰ.①英… Ⅱ.①武… Ⅲ.①文化语言学-对比研究-英语、汉语②英语-翻译-研究 Ⅳ.①H0-05②H315.9

中国版本图书馆 CIP 数据核字（2022）第 095987 号

YINGHAN WENHUA BIJIAO YU FANYI SHIYONG JIQIAO YANJIU
英汉文化比较与翻译实用技巧研究

著：	武　琳
责任编辑：	朱　玲
封面设计：	雅硕图文
开　　本：	720mm×1000mm　1/16
字　　数：	200 千字
印　　张：	11
版　　次：	2022 年 6 月第 1 版
印　　次：	2022 年 6 月第 1 次印刷
出　　版：	吉林出版集团股份有限公司
发　　行：	吉林出版集团外语教育有限公司
地　　址：	长春市福祉大路 5788 号龙腾国际大厦 B 座 7 层
电　　话：	总编办：0431-81629929
印　　刷：	吉林省创美堂印刷有限公司

ISBN 978-7-5731-1562-1　　　定　价：68.00 元
版权所有　侵权必究　　举报电话：0431-81629929

前　言

　　自我国加入世界贸易组织以来，我国的综合国力不断增强。尤其是随着我国改革开放的深度发展，我国与世界各国之间的文化交流、贸易合作、经济往来越来越多。为了减少甚至避免跨文化交际与沟通障碍，我国必须意识到英语作为国际通用语言的重要性，并给予英语高度的重视。众所周知，汉语是中国人的母语，属于汉藏语系，而英语属于印欧语系，英语与汉语有着不同的文化背景和内涵，两者在词汇、句法、语篇、修辞、语用、饮食、节日、习俗等文化方面存在着很大的差异。了解英汉文化差异，对英语的学习具有积极的意义。要想全面理解英汉文化差异，就应该掌握学习英汉文化的方法。比较，是人类认识事物、研究事物的一种方法，人们可以通过比较的方式来研究英汉文化。

　　在跨文化交际时代，交际者仅了解英汉文化差异是远远不够的，还需要语言信息与文化转换的能力，也就是翻译能力。翻译是英汉语言与文化相互转换的桥梁，在英汉文化研究中起着不可替代的作用。不同的英汉文化差异，会给译者带来不同的障碍，这就要求译者要全面、熟练地掌握英汉文化以及英汉文化差异。另外，需要强调的一点是，作为一名优秀的译者，不仅需要理解英汉文化差异，还应该在遵循翻译标准和翻译原则的基础上掌握一定的翻译技巧，并保证这些翻译技巧的实用性。常用的翻译技巧有很多，比较实用的翻译技巧有直译法、增译法、意译法、正译法、反译法、音译法、转换法、重组法、音译+直译法、拆句法、省译法、合并法、倒置法等。了解并掌握这些翻译技巧，对译者翻译能力的提升以及跨文化交际能力的提升具有很大的促进作用。因此，如何进行英汉文化比较，如何掌握和选择英汉文化翻译技巧，是当前翻译研究界必须重视的问题。基于此，作者在总结前人研究成果及自身多年科研经验的基础上，系统梳理了英汉文化比较与翻译技巧的相关知识，并编纂了此书，以期能够为英汉文化比较与翻译研究提供有益借鉴。

本书共分八章。第一章主要在介绍文化与翻译理论知识的基础上分析了文化与翻译的关系，并探讨了翻译文化转向的相关问题。第二章到第七章主要从词汇、句法、语篇、修辞文化、语用文化、饮食文化、服饰文化、节日文化、称谓文化、婚丧文化、典故文化、居住文化、习语文化、生态文化、委婉语、色彩文化、数字文化、专有名词文化等多个维度系统阐述了英汉文化比较，并提出了具体的翻译技巧，为英汉文化比较与翻译研究提供了多种思路。第八章主要结合跨文化交际进一步阐述了英汉翻译，并对翻译人才培养的相关问题进行了系统论述。具体包括跨文化交际解读、英汉思维文化差异与跨文化交际、英汉翻译中的跨文化视角转换及翻译技巧、译者文化身份与主体性以及翻译人才翻译实践能力与跨文化交际能力培养等内容，实现了英汉翻译与跨文化交际的有机结合，提高了翻译人才培养的质量。

总之，本书通过比较的方式研究英汉文化之间的差异，并总结了多种英汉文化翻译的技巧。在写作过程中，查阅了很多国内外资料，吸收了很多与之相关的最新研究成果，借鉴了大量学者的观点，在此表示诚挚的感谢！由于英汉文化的差异性，再加上个人能力有限，书中难免存在遗漏或不足之处，请广大读者批评指正。

目 录

第一章 英汉文化与翻译概述 ········· 1
 第一节 文化 ················· 1
 第二节 翻译 ················· 8
 第三节 文化与翻译的关系 ········· 15
 第四节 对翻译文化转向的认识 ······ 18

第二章 英汉语言比较与翻译技巧 ····· 21
 第一节 英汉词汇比较与翻译技巧 ····· 21
 第二节 英汉句法比较与翻译技巧 ····· 27
 第三节 英汉语篇比较与翻译技巧 ····· 32

第三章 英汉修辞与语用文化比较与翻译技巧 ····· 37
 第一节 英汉修辞文化比较与翻译技巧 ····· 37
 第二节 英汉语用文化比较与翻译技巧 ····· 48

第四章 英汉民俗文化比较与翻译技巧 ····· 56
 第一节 英汉饮食文化比较与翻译技巧 ····· 56
 第二节 英汉服饰文化比较与翻译技巧 ····· 60
 第三节 英汉节日文化比较与翻译技巧 ····· 65
 第四节 英汉称谓文化比较与翻译技巧 ····· 69

第五章 英汉社会文化比较与翻译技巧 ····· 75
 第一节 英汉婚丧文化比较与翻译技巧 ····· 75
 第二节 英汉典故文化比较与翻译技巧 ····· 80
 第三节 英汉居住文化比较与翻译技巧 ····· 85
 第四节 英汉习语文化比较与翻译技巧 ····· 88

第六章 英汉生态文化比较与翻译技巧 ····· 94
 第一节 英汉动物文化比较与翻译技巧 ····· 94

- 第二节 英汉植物文化比较与翻译技巧……………………………… 103
- 第三节 英汉山水文化比较与翻译技巧……………………………… 107
- 第四节 英汉东西风文化比较与翻译技巧…………………………… 112

第七章 其他英汉文化比较与翻译技巧……………………………………… 115
- 第一节 英汉委婉语比较与翻译技巧………………………………… 115
- 第二节 英汉色彩文化比较与翻译技巧……………………………… 120
- 第三节 英汉数字文化比较与翻译技巧……………………………… 125
- 第四节 英汉专有名词文化比较与翻译技巧………………………… 130

第八章 跨文化交际下英汉翻译与翻译人才培养研究……………………… 137
- 第一节 跨文化交际解读……………………………………………… 137
- 第二节 英汉思维文化差异与跨文化交际…………………………… 143
- 第三节 英汉翻译中的跨文化视角转换及翻译技巧………………… 145
- 第四节 英汉翻译中的译者文化身份与主体性研究………………… 148
- 第五节 跨文化交际下翻译人才翻译实践能力与跨文化交际能力培养 … 153

参考文献……………………………………………………………………… 163

第一章　英汉文化与翻译概述

　　语言与文化两者之间是相互联系，密切相关的。无论是学习英语还是学习汉语，都需要学习语言背后的文化。翻译是不同语言之间的转换，是学习英语与汉语文化的媒介。因此，学习者要想学好英汉两种语言，必须了解英汉文化，并掌握翻译的相关知识。本章主要对文化与翻译的理论知识进行系统论述，并分析了文化与翻译的关系，同时还探讨了翻译文化转向的相关知识。

第一节　文化

一、文化的概念

　　"文化"对社会的发展和进步有着重要的作用，故而从古至今，人们从未停止对文化的研究和探讨。随着时代的进步和科学的发展，人们对于文化的研究也逐渐与时俱进，文化自然而然地被时代赋予了新的内涵。

　　将"文化"一词拆开来看，"文"一般指的是社会中的伦理纲常，而"化"则是指要将人们应该遵守的道德伦理和文明礼仪推行出去，让全社会的人都能成为品行高尚、文化素养较高的文明人。

　　文化的概念并不统一，可以分为广义的文化和狭义的文化。文化作为一个概念首次出现在我们视线是在《原始文化》这本书中，该书由英国的文化人类学家爱德华·泰勒（E. B. Tylor）所著，在书中文化的概念被诠释为一个包含着知识信仰、艺术风俗、法律理念等内容的复合整体。而在我国的《辞海》一书中，广义的文化概念并不仅仅指上述精神上的复合整体，还包括人们辛苦劳作所创造出来的物质财富。另一种狭义的文化概念则是指人们在社会生活中创造出来的精神财富，也就是社会中的文化意识形态，同时还囊括了和这种意识形态相符合的制度理念和社会组织。

由于文化的概念并不统一，国内外的诸多学者都对文化的概念有着不同的想法，阿尔弗雷德（Alfred）就是其中之一。1963 年，他总结了前人提出的文化概念，较为全面的重新定义了文化，可以分为以下几条内容。

（1）文化由外层和内隐的行为模式构成。

（2）这种模式通过象征符号而获得和传递。

（3）文化代表了人类群体的显著成就，包括它们在人造器物中的体现。

（4）文化的核心部分是传统的（历史地获得和选择的）观念，尤其是它们所带的价值。

（5）文化体系一方面可以看作是行为的产物，另一方面则是进一步的行为的决定因素。

从上述内容我们可以得知，阿尔弗雷德定义的文化概念不仅仅肯定了人们的生产生活对文化的作用，还点明了在一定程度上，文化也能够影响人类生活，指引着人们未来的生存方向。

此外，联合国教科文组织对于文化的概念也有定义。在《世界文化多样性宣言》中，文化被诠释为社会或是社会群体所特有的精神、物质、情感等方面特质的总和，它不仅仅只包括艺术素养和文学修养，人们的生产生活方式、社会生活准则以及价值观、人生观和信仰等等，都属于文化。

总的来说，国内外对于文化概念的定义都有其独到之处，通过对各种定义的理解和揣摩，我们不难发现文化其实就是人们在日常生活中将自己感受到的、心里想的、付诸行动的和口里说的内容综合起来的产物。文化具有本民族的特色，能够培育人的修养、塑造人的性格、发扬人的优点。

二、文化的功能

（一）教化功能

文化对于人的影响是非常巨大的。对人本身来说，上到世界观、人生观、价值观的形成，下到为人处世、生产生活的方方面面都会在一定程度上受到文化的影响，简单来说，文化对人有教化功能。不同国家有着不同的社会环境和人文环境，文化自然也就不同。中华文化是中国民族历经数千年历史传承下来的优秀文化，能够陶冶人的情操，使人们逐渐形成勤劳朴实、吃苦耐劳的优秀品质，这也是中华民族的传统美德，是中国人民刻在骨子里的高尚品质，这属于一种道德建设。而许多西方资本主义国家的观念和我国有着大大不同。西方国家认为公民应该遵纪守法，法制建设是最为重要的，相对来说，道德建设并不会被摆在首位。这种区别会使得同一种境况下的中国人和西方人做出截然不同的选择，这种区别体现出了文化的教化功能。

（二）规范功能

文化的规范功能，指文化对社会群体中每个成员的行为方式所具有的约束作用。人类社会生活需要的满足，往往与多种方式可供选择。例如吃饭，可用刀叉、也可用筷子或手抓。文化的作用，在于根据特定条件，将某种方式予以肯定和强化，使之成为一种群体或标准模式，从而使社会生活有规则地进行。

文化是一种约束面最广的行为规范。在社会生活中，成文法所规定的行为准则只不过是必须强制执行的一小部分，而文化却像一只看不见的手，无形之中支配着人们的所有行为。从吃穿住行到婚丧嫁娶，从社会交际到精神信仰，人们都在不自觉地遵从文化的指令。在日常生活中，人们很难意识到文化的规范力量，因此也就不会对其加以反抗。文化对人的控制，是一种"软控"。但却是一种最有力的深层控制。

（三）经济功能

文化不仅能够创造精神财富，还能够创造物质财富。在某些层面来看，文化对于经济的发展也有着重要作用。文化可以让人民群众的心联合在一起，使他们的道德素养不断提高，进而可以团结起来为取得更多的物质财富而努力。目前，文化作为一项经济产业，在综合国力竞争中的地位举足轻重，这体现了文化的经济功能。

三、文化的特征

（一）符号性

文化并不能直接将想要传达的理念传递给人们，而是需要通过一种符号转化之后才能让人们更直观的理解。简单来说，文化想要传播知识，离不开符号，每一种文化都象征着一种符号，人们的思想准则和行为方式都会受到这种符号象征的影响。对于人类而言，符号化是使其有别于世界上其他生物的最主要的因素。文化的创造过程实际上就是符号的运用过程。在文化的创造过程中，人类所表现出的行为方式和思想观念都可以通过一种符号汇集在一处，成为这种文化的标志性特征，进而指导着人们的社会生活。人类生活需要在这些符号的指导下才能变得更加美好，故而文化的符号性对于人类的发展来说是不可或缺的。

文化的符号性使得文化和交际之间具有同一性。在人与人的交际过程中，有相互认同、相互理解的部分，自然也就会有存在误会的现象。如果想要让人际交往变得更加顺畅高效，避免误会或者迅速解除误会，那么使用符号无疑是一项好的选择。这就要求交际双方对同一种文化符号有着相似或者相同的理解。或者可以说，人际交往的顺利进行需要双方遵循共同的道德标准和行为规范。

（二）时代性

任何文化都是在历史发展演变的过程中产生的，因而，不同的时代有着不同的文化。原始人创造了文字、驯养、繁殖动物，种植植物，引导远古人类进入了古代文化的发展时期，从而创造了原始文化；蒸汽机的发明、产业革命的完成，推动了人类进入近代文化历史阶段，这一时期称之为资本主义文化。文化的依次演进，是一个"扬弃"的过程，是对既有文化的批判、继承和改造的过程。在先前的历史时期看来是先进的文化，在后来的历史时期就失去了它的先进性，而被更为先进的文化所取代。

从实际情况来看，文化的发展趋势基本上同时代进步有着密不可分的关系。一些文化专制造成的文化跟不上时代的脚步的历史情况只是偶然现象，不能从根本上改变文化和时代共同进步的历史趋势。

（三）阶级性

文化具有阶级性，文化的整个发展历史可以分成进入阶级社会之前和进入阶级社会之后两个阶段，以下是对这两个阶段的分析。

（1）在无阶级社会里，文化活动是由群体创造的，因而反映这些群体活动的人类文化也带有该群体的共同特征，并为群体所共享。

（2）进入阶级社会后，很多重要的文化现象（主要反映在意识形态领域）都在不同程度上带有阶级的色彩，某些文化被部分利益集团所占有，有的甚至带有"反文化"性质。

由此可见，在阶级社会中，部分文化具有"阶级性"。不过，人首先要成为人，是一个合乎人的标准的人，然后才能由于受到后天环境的影响而打上阶级的烙印。因此，在阶级社会里，大部分文化现象仍然具有人类共同性。

（四）系统性

文化具有系统性，这种系统性主要指一种文化就是一个自成体系的文化系统。一个文化系统又可分为三个层次：物质文化、制度文化和心理文化。物质文化属于外显文化，多指可感知的、有形的物质精神产品，属于表层文化，如饮食文化、服饰文化、建筑文化等，是文化的基础。制度文化属于中层文化，是指人类在社会实践活动中建立的各种社会组织、规范和制度，是文化的关键。心理文化又称"心态文化""观念文化"，属于深层文化，是指人类在社会实践和意识活动中长期形成的价值观念、思维方式、宗教信仰、社会心态以及审美情趣等，它是文化的主导与核心。文化的这三个层次是相互联系、相互作用的，进而形成一个完整的文化统一体。

（五）民族性

文化不可能凭空产生和存在，它植根于人类社会，而人类社会总是以相对集中聚居并有共同生活历史的民族为区分单位的，因此一定的文化总是在一定民族的机体上生长起来的。不同的自然条件和地缘因素的共同作用使人类形成不同的价值系统、思维模式和行为倾向，由此便会产生区别于其他群体的文化特质。事实上整体的文化正是由许多互有差异的具体文化类型所组成。文化是通过某个民族的活动而表现出来的一种思维和行动方式，一种是这个民族不同于其他任何民族的方式。文化模式的民族性通常是文化结合的一个比较显著的模式。正是由于这些不同民族和地域文化系统的存在，形成了不同的文化语境和多样性的人类文化景观。

文化，按其产生与存在而言，原本都是民族的。越是古老的社会，文化的民族性就越鲜明，因为民族是一种社会共同体。斯大林指出，一个民族，一定要有共同的地域，共同的经济，共同的语言及表现共同心理的共同文化。这里强调的共同地域、共同经济、共同语言、共同心理都是重要的文化元素。民族群体是民族文化的土壤和载体，文化的疆界通常总是和民族的疆界相一致，民族的特征除了体貌特征之外就是文化的特征，所谓民族性主要也是指文化上的特性。比如同为上古文明，古希腊、古印度、古埃及和古代中国的文化各有独特性；同为当代发达国家，日本和美国、欧洲各国之间在文化上也存在着差异。

各个民族都有着体现本民族特色的文化，各民族文化的民族性是人性的特殊性，同时也包含着人类的普遍人性内容。虽然文化的共同性决定了某些文化能够为全人类所有，然而，文化首先是民族的，其次才是人类的。我们一定要首先爱自己本民族的文化，体现在翻译上就是要尽可能地提高翻译的准确性，用更生动贴切的语言传播自己本民族的文化，做文化传播的使者。

（六）整体性

文化作为一个民族的核心部分，首先是一个有多层结构的有机整体。虽然文化的多样性导致对文化这个有机整体层次的划分的人们有不同的见解，但人们仍然可以从感知的角度将其进行规整，把这个有机整体粗略分为显性和隐性两大部分。其中，显性部分主要包括法律、条例、制度、准则及文化产品等有形或可见的因素；隐性部分主要包括思维模式、心理活动、价值观念、道德准则等抽象因素。虽然这些文化因素都会给不同语言的人的交流造成障碍，但与显性文化因素相比，隐性文化因素给人们之间的交流特别是英汉之间的翻译造成的障碍更大，而且往往不易让人觉察，容易造成误译。

（七）继承性

文化是社会历史的沉淀物，是特定历史时期的时代反映，是一种历史现象。因为历史是随着时间变化发展的，所以文化具有很强的历史继承性。社会中的每一代人都会继承原有的文化，并在此基础上发展自己的新文化，对社会文化的发展做出应有的积极贡献，由此也导致了历史上文化的不断扬弃和更新。

（八）地域性

人类的活动必须借助一定的空间条件才能进行，因此，文化也就很自然地具有了地域的特性。文化的地域性与文化的民族性是紧密相关的，因为一般民族都是带有区域性的社会共同体，民族文化在某种程度、某种角度上，也反映出区域文化的特点与内容。所不同的是，文化的地域性较之文化的民族性，有着更为宽泛的包容性和更为灵活的机动性，如：就世界范围而言，有东方文化、西方文化之分；就某一区域而言，有海洋文化、大陆文化、山地文化、草原文化的区别；就某一国家而言，则有中原文化、北方文化、关中文化、三晋文化、齐鲁文化、荆楚文化、吴越文化、巴蜀文化之分。

（九）可变性

可变性是文化必然存在的属性，文化的可变性存在的原因有两种，分别是内在和外在，以下是对这两种原因的分析。

首先是内在原因，文化是人类生产生活、生存发展的必要手段，所以文化和人类的生存条件息息相关。一旦人类的生存条件发生变化，那么文化相应地也会发生变化。科学技术的进步和经济的繁荣使得人们无论是生活水平还是思想水平都发生了巨大的变化，故而文化的变迁离不开技术的推动。

其次就是外在原因。除了文化本身的进步能够推动文化的变迁，外部条件的变化也能推动文化的变迁。国家、社会、民族乃至人本身的发展都能够让文化的内部要素产生质变。

一般来说，人类的生活条件要比他们的思想观念改变得更加迅速，毕竟改革开放的实行推动了时代的发展和经济的繁荣，进而大大提升人们的生活水平和消费能力，人们的生活变得更加便利，生活质量也变得更高了。但是人们的思想观念很难在一段时间内迅速发生改变，所以尽管全球化的进度越来越快，但中西方思想观念上的文化差异会一直存在，不会因为日益密切的国际间交流而消失。

（十）可习得性

众所周知，人们学习语言的能力是天生就具备的，但语言的习得却必须通过人们后天的学习才可以使语言的能力得到充分的发挥。其实，文化的习得与语言的习得并无异样，二者都必须由主体发挥自身的能动性才能够实现，而且在母语学习环境中文化的习得与语言的习得会表现出明显的同步性。所以，如果只生活在一种语言文化之中，缺少文化感染的大背景，人们几乎是意识不到文化的存在的。如同人们每天生活在空气中，呼吸到空气却很难感知到空气的存在一样。因为人们常常是在母语文化环境和氛围中学习外语的，所以外语的学习也需要考虑到这个因素。如果只是单纯、机械地吸收课本上的知识，却没有深刻地理解和感知文字背后所隐藏的文化与自己的母语文化是否相得益彰、搭配合理，那么语言的学习与文化的学习便极有可能脱节，即外语语言的学习不是以外语文化而是以母语文化为基础。这种外语语言的习得方法与母语文化的融合不但会使原来的表达含义扭曲，还会造成对外语语言及其背后的文化无意识的错误判断。

四、文化的层次

文化大体上可以分为四个层次：物质文化层、制度文化层、行为文化层和心态文化层。

（一）物质文化层

物质文化是可感知的、可以用来满足人类物质需求的物质实体的文化事物，涵盖人类衣、食、住、行等各个方面。物质文化层次所体现的实际是人类与自然之间存在的改造与被改造的关系，人类通过对自然界的利用和开发进行物质生产劳动，并通过生产获得相应的物质成果，这些劳动与成果构成了文化的物质层面。

（二）制度文化层

随着社会不断进步，经济不断繁荣，人类需要制定相应的社会制度来规范、制约人们在社会中的行为。这些制度不仅仅能够约束人的行为，还能为物质财富的创造也就是社会经济的繁荣提供保障。这些制度体现在人们生活的方方面面，大到国家、民族、政治，小到教育、家族、婚姻，文化的制度层深刻体现了人类社会需要规范，离不开制度的保障。

（三）行为文化层

中国幅员辽阔，地大物博，是一个地域特色鲜明、民族文化丰富的国家。行为文化层主要就是指的各民族在生产生活和各种实践中心照不宣的行为模式，一般是各民族特有的风俗和习惯。譬如中国传统文化中尊老爱幼的传统美德、婚丧嫁娶的各项步骤等，这些行为经过长时间的流传，被一代代人不断完善和改进，最终成为一种人类特有的传承，不断被后人继承和发扬。

（四）心态文化层

心态文化是文化的核心部分，能够分成社会心理和社会意识两个层面。笼统地说，心态文化就是人类在社会生活中逐渐形成的思想观念、价值取向和审美方向。由于人们的人生观、价值观以及审美取向会受到民族、地域、经济等多种因素的影响，所以这种心态文化也会受到地域文化、民族文化以及社会背景的影响。社会心理指的是社会中大部分人的思想道德和文化素养，社会意识则是对人们的社会心理的总结和归纳，并把这些归纳之后的精华应用到创作中形成的著作或是艺术品。心态文化能否发展得如火如荼是这个民族的文化是否能欣欣向荣的重要影响因素。

第二节　翻译

一、翻译的概念

翻译，可以理解为通过把一种语言转换成另一种语言，如实地转达原文（原话）的意思和风格，使语言不通的人能够相互沟通、理解。即通过语言转换，达到意思传达。若认为翻译不是语言转换，是不全面的。若认为翻译仅仅是语言转换，也不全面。转换语言是手段，不折不扣、原原本本传达意思才是目的。翻译是形式与内容、方式与目的的统一。译员不是机器，翻译不是机械化生产。

二、翻译的性质

（一）社会性

翻译活动之所以存在，或者之所以有必要存在，是因为操不同语言的人之间需要交流。而人与人之间的交流所形成的一种关系必定具有社会性。翻译是在人类社会发展到一定的阶段才出现的活动，而且随着人类社会的不断演变而不断发展、丰富，在历史发展的长河中，翻译活动始终是人类各民族、各文化交流的一种最主要的方式。

交际的需要使说一种语言的人和说邻近语言的或文化上占优势的语言的人发生直接或间接的接触。交际可以是友好的或敌对的，可以在平凡的事务和交易关系的平面上进行，也可以是精神价值——艺术、科学、宗教——的借贷或是交换。以翻译为手段所进行的这种接触、交换或交流的活动，无不打下社会与文化的烙印。当我们以历史的观点考察翻译活动时，翻译的社会性是不能不考虑的。根据传统的翻译观，翻译往往是一种简单的符码转换，甚至机械性的操作。而实际上，翻译活动时刻受到社会因素的影响、介入、干预和制约。

（二）文化性

从翻译的功能看，其本质的作用之一便是克服语言的障碍，达到使用不同语言的人们之间精神的沟通，而这种精神的沟通，主要是通过文化层面的交流获得的。正是在这个意义上，翻译是人类精神文化中最为重要的活动之一，也是促进一个民族、一个国家的文化发展的最基本的因素之一，而且是最活跃的因素之一。

从翻译的全过程看，翻译活动的进行时刻受到文化语境的影响。从翻译的实际操作层面看，由于语言与文化的特殊关系，在具体语言的转换中，任何一个译者都不能不考虑文化的因素。当然，我们在注意到翻译活动的跨文化特性的同时，也应当注意到跨文化活动中的翻译特性。

（三）创造性

翻译并不是一板一眼地将一种语言转化成另一种语言，更多的时候，翻译工作需要我们打开思路，灵活应对。许多人认为学习好两门不同的语言，就能得心应手地应对翻译工作，翻译工作就是将一种语言用另一种语言复述一遍。这些对翻译工作的普遍认识从侧面体现了在人们心中，翻译一直是一项机械性的、转换语言的工作。但许多翻译工作，比如菜名、谚语、成语等是不能机械化地逐步翻译的，需要翻译者打开思维，创造发挥。如果我们只是单纯地从事翻译工作，传统会磨灭人们的创新思维，让翻译工作更加困难。

由于语言的转换，原作的语言结构在目的语中必须重建，原作赖以生存的"文化语境"也必须在另一种语言所沉积的文化土壤中重新构建，而面对新的文化土壤、新的社会和新的读者，原作又进入了一个崭新的接受空间。翻译的创造性充分地体现在一个广义的翻译过程的各个阶段之中。翻译界流行的"翻译是艺术"之说，所强调的正是翻译的创造性。

三、翻译的价值

（一）文化价值

翻译实际上可以说是用本国语言传播另一种文化的过程。时代的进步和经济全球化使得人们对翻译工作的认识发生了变化，人们不再认为翻译就是机械地语言转换。人们发现翻译能够推进民族之间的交流和理解，这无疑有利于展现出它的文化价值。

翻译是两个语言不通的民族相互交流的工具，但语言沟通的目的是为了双方能实现思想上的互通，进而使文化交流成为可能。人们对于其他国家文化的态度很大程度上取决于自身的思想观念，如果人们对异国文化抱有好奇和友好的态度，那么他们顺其自然地就会想要了解其他文化。近代中国动荡不安、战乱频发，人们为了能够挽救嫉妒落后的中国，主动了解和学习西方活动，所谓"师夷长技以制夷""中学为体，西学为用"等都是中国人民为了实现民族复兴而采取的措施。并且，通过一段时间的检验，人们发现仅仅学习西方技术已经不能满足国家发展的需要，学习西方先进的政治制度和思想观念。于是，翻译这个工作才开始在历史舞台上发光发热。当然，当下对于国外文化的翻译工作已经不再仅仅局限在法律法规上，小说读物、影视作品、科学著作等都是翻译者们的工作内容。翻译者需要明确的翻译目的和价值判断，这样才能取得更多的异国文化成果。综上所述，翻译的文化价值不容忽视。

（二）语言价值

翻译的语言价值是指翻译活动或实践对语言本身所产生的影响或作用。主要体现在以下几方面。

(1) 从形式上而言，翻译作为语言转换活动的一种，本身就是一种符号转换的活动。这里所提及的语言并非狭义的语言，因为其翻译活动包括语内翻译、语际翻译以及符际翻译三种类型所涉及的一切翻译活动。所有的翻译活动也都需要经过符号翻译的转换过程。

(2) 翻译的语言价值的另外一个重要的体现是在历史进程中其对语言本身的改造作用。

然而，在对翻译的语言价值对目的语所起的积极作用进行认可的同时，也不能否认由于翻译策略或方法的使用不当，在翻译时过于"异化"也会对目的语产生负面的影响。最典型的例子要属我国五四时期新文化运动前后，许多译者过分推崇"欧化语言"的现象，这就要求译者在运用翻译策略和方法时把握好"同化法"和"异化法"这个度。

(三) 社会价值

翻译与时代的变化和发展共存，具有很强的社会价值意义，具体体现在以下几个方面。

(1) 翻译对社会交流与发展的强大推动作用。它是由翻译活动的社会性所决定的。具体而言，是指翻译在克服阻碍交流的语言差异和为人类从相互阻隔走向相互交往，从封闭走向开放，从狭隘走向开阔所起的推动性作用。

(2) 翻译社会价值还体现在对民族精神和国人思维的深刻影响。从一方面来看，翻译对于民族精神塑造的作用；从另一方面来看，翻译对于语言的改造最终达到改造国人思维方式的作用。严复翻译的《天演论》就是最典型的例子，其目的明确，通过进化论的译介，既告诉国人有不适者亡的危险，又号召人民奋发图存，自强保种。

(四) 创造价值

翻译是一个继承和创新的过程，具有创造性的价值意义。主要体现在以下方面。

(1) 从社会角度来看，翻译作为一种以交流为基础的社会活动，不同语言间的交流有利于思想疆界的拓展和思想解放，同时，也为译者的创造力奠定了基础。为了真正导入新事物、新观念、新思路、翻译中就不可避免地要进行大胆的创造。例如，文学语言艺术的翻译就是在源语的基础上对语言符号的转换和创造的过程。

(2) 从文化角度来看，翻译中任何异质因素的导入都具有激活目的语文化因子和创新的作用。翻译的创造价值孕育着一种求新求异的创造精神。这种创造精神敢于打破自我封闭的局限，在与"异"文化的交流、碰撞与融合中完善、丰富和发展自我本身，这也是翻译的精髓所在。

四、翻译的过程

（一）理解

译者要想表达原文的意思，必须先对原文有充分的理解。如果译者对源语文本不能进行完整、准确、透彻的理解，就无法用译语传递原文所蕴含的信息。可见，在翻译过程中，理解是一个关键的环节。然而，理解却是翻译过程中比较容易出现纰漏的过程。通常，译者在理解过程中需要完成如下几个任务。

1. 分析源语文本的体裁

译者要想理解源语文本，应该先辨识文本的体裁。因为语篇不同，应该采用的翻译方法也不同，如文学翻译要求译者在翻译的过程中具有创新意识，商务翻译对信息的准确性要求较高，所以分析源语文本的体裁是极为重要的。对源语文本的体裁分析好之后，也就意味着了解了源语文本的文体风格，此时译者就可以思考译语文本应该采用的文体风格。

2. 分析文化背景

因为翻译具有跨文化交际的性质，所以译者必须熟悉两种文化在政治、历史、经济、科技、风俗习惯等诸多方面的差异，这样才能准确理解与表达原文，从而避免文化冲突的发生。

3. 分析语言现象

译者在翻译过程中还必须围绕语言现象进行分析。具体来说，语言现象涉及语音、语法规则、词汇构成等层面，还包括语义的层面，如一词多义和多词同义等。

4. 分析逻辑关系

每种语言均是对思维的反映，是实现思维、传达思维的工具，思维则是逻辑分析的方式。既然翻译是跨语言的转换活动，那么它就属于语言逻辑活动。逻辑贯穿于翻译的整个过程，译者除了要通过逻辑分析来理解原文，还应通过逻辑方式来表达译语。语言表达不应仅仅合乎语法规则，还应合乎逻辑，否则表达就失去了意义。

总而言之，要想准确地理解原文信息，译者必须对以上四个方面加以分析。

（二）表达

表达是理解的升华和体现，是理解的目的和结果，更是语言信息转换的关键。表达是整个翻译过程中的关键环节，表达的好坏取决于译者对原文的理解程度以及对译文语言的修养程度，包括译者的译语水平、翻译技巧、修辞手段等。具体来说，表达阶段需要译者注意以下几点。

1. 准确措辞

众所周知，在英语中一个词常常有多种释义，因此在表达阶段，译者必须联系上下文来确定英汉词语在语义上的对应关系，进而选用正确的词汇来进行准确的措辞。

2. 自然流畅

译文必须符合汉语的表达习惯，如果有违汉语的表达习惯，就会显得生硬、不流畅，也会让人难以接受。所以，译者在表达过程中必须考虑译文的自然流畅性。

3. 衔接连贯

一篇译文的行文是否流畅关键在于"衔接"是否连贯，是否能采用合适恰当的语句进行"连接"。因此，在翻译的表达阶段，译者要加强衔接意识，整体把握语篇意义，准确地对源语的衔接方式进行必要的转换、变通，以使译文达到语篇上的衔接与连贯。

4. 与原文文体风格对等

在翻译时除了要考虑措辞、流畅和连贯外，还要注意原文与译文的文体风格对等。保持了文体风格的对等能更好地再现原文的韵味。

（三）审校

1. 翻译中的检验

（1）检验译文的传意性

有些译者在双语环境下长大，具有先天优势，另外一些译者通过自己长期艰苦的努力，第二外语的水平可以达到接近母语的程度，但是更多的译者还处在提高的过程当中，有时候难免发生理解上的偏差。在检验时，将译文和原文进行比较，看两者在各个层面的意义上有没有任何出入。许多理解上的偏差是可以被译者自己发现的，因为理解错误的结果往往是使译文缺乏合理的逻辑性，难以自圆其说。出现这种情况时，译者应该反复地琢磨原文，看问题到底出在哪里。

（2）检验译文的可接受性

在这里我们要强调译者的职业道德问题，译者担负着构建文化桥梁的任务，面对的是广大的译语读者，工作性质是十分严肃的。译者对自己的身份和责任要有一个清楚的认识，一定要有一个严谨的工作态度，保证译文的质量。从词句的层面来看，译者要检验遣词用句是否适当，进一步地字斟句酌，争取最好的表达效果；从篇章的层面来看，译者要检验语篇的衔接和连贯性，以及逻辑关系的表达是否清晰等。

2. 仔细审校

审校阶段是翻译过程中的最后一道工序，是理解与表达的进一步深化，是对原文内容进一步核实以及对译文语言进一步推敲的阶段。译者在翻译时尽管十分细心，但难免会有错漏或字句欠妥的地方。

可以说审校是翻译过程中必不可少的一个环节，译者必须认真对待这一环节。

审校不是把译文粗略地看一遍，改掉几个显而易见的错误，而是一个对译文进行仔细校对和修改润色的过程。校对主要有两个目的，一是补漏，即看看译文中有无遗漏之处；二是纠错，即看看译文中有无明显的错误。

修改润色的目的是去掉初稿中的斧凿痕迹，即原文对目的语的影响或干扰，使译文自然流畅，更符合目的语的习惯。润色的最好做法是，先抛开原文，以地道目的语的标准去检查衡量译文并进行修改和润色+改完以后再与原文核对一下，以避免"自由发挥"之嫌。

审校阶段要特别注意审校译文中的人名、地名、日期、方位、数字等方面有无错漏；审校译文中的段、句或重要的词有无错漏；修改译文中译错或不妥的句子、词组和词；力求译文没有冷僻罕见的词汇或陈腔滥调，力求译文段落、标点符号正确无误。审校时通常必须审校两遍；第一遍着重审校内容，第二遍着重润色文字。

由于翻译者受自身思想观念的限制，不一定能发现自己的表述错误。因此，审校工作的重要性不言而喻。通过审校，翻译者可以发现自身的错误并及时纠正它们，使译文变得更加准确，内容更加通顺，语法更加正确。许多跨国公司或是国际组织都对审校的部门十分重视。

第三节　文化与翻译的关系

一、文化对翻译的影响作用

（一）文化对翻译过程的干预

翻译除了将两种不同语言用一种语言表述出来，还深刻影响着翻译者自身，使他们感受到浓厚的文化氛围。

翻译者在翻译时，考虑到语言所处的文化环境，首先要保证的是翻译双方有共同的认知。翻译过程实质上就是两种不同文化相互接触、相互熟悉的过程。只有对一件事物产生共识，翻译者翻译出的内容才能够被人们广泛认同。

翻译者进行翻译工作时，一些情景用语、交际用语的翻译都要考虑实际的交际环境，这样经过转换后的语言才能贴合实际情况，更加容易被人们理解和接受。人们通过阅读译文，对原文的认知程度又高了一些，可以很清楚地体会到原文想要表达的中心思想。

翻译并不是拿到原文直接就上手翻译，而是先要仔细阅读原文，细细品味原文想要表达的思想感情。只有将原文理解透彻，翻译出来的译文才会更加贴近原文的表达想法。特别是有些原文会运用到该语言特有的表达方式或是特殊用语，这就需要翻译者用心创造出符合本国语言和社会背景的译文，深刻认识到理解和表达都是翻译的关键步骤。

当文化成为影响翻译的重要因素时，翻译可以分为以下几个步骤：

（1）认真体会源语中的蕴含的思想感情和文化底蕴；

（2）将翻译过程看作一次与源语国家进行文化交流的过程；

（3）促成源语和译文双方的文化交流。

文化对翻译的作用是不可或缺的，故而译文不仅要看重翻译的准确与否，更要看重原文想要表达的内涵，让译文不要因为双方在社会文化背景上的差异而变得不准确。

在翻译过程中，文化带来的影响并不一定全是积极的。所以虽然译者的文化取向会体现在翻译过程和翻译成果中，但译者应该全方面地考虑，对翻译内容进行灵活的转变。

（二）文化对翻译活动范围的影响

文化的开放程度，决定了翻译活动进行的范围。任何封闭的文化都是无法发展的，一种文化必须与其他文化和谐相处，才能可持续地发展。文化全球化是世界文化创造主体和世界文化元素的多元化。如今的时代已经远离了文化霸权，是你中有我、我中有你，倡导文化包容。文化只有具备包容的品质，世界不同国家和民族的文化才能在共存中达到更多的一致，进而使得世界各个国家和民族联系得更加紧密。在人类文化发展史上，封闭的文化会被推到边缘的地带，并且阻碍世界历史的前进脚步；而那些包容性的文化才能主导世界文化，推动着世界历史的发展。

包容性的文化比较能够接受其他文化中的先进成分，因此能够较好地发展，也比较容易被其他文化所接受，因此就能够从地域性文化向世界性文化转变，进而成为推动世界文化进步的强大力量。从根本上讲，一种文化之所以缺乏包容性，是因为文化创造主体的思想狭隘，并且这种封闭的文化也会影响生活在其中的人们的思维方式，使得他们也变得狭隘，缺乏开放精神，难以接受其他文化，从而导致世界在文化上的割裂。

文化的输入和输出都关系到翻译活动的开展情况。当某个领域对文化的需求程度较大时，这一领域中的翻译活动就会较多。例如，徐光启等人曾经在意识到我国学术落后于世界水平时，主张将西方的先进科技和文化翻译成中文，以此来充实我国的文化。在五四运动后，中国知识分子意识到自身革命理论的缺乏，于是提倡翻译马列主义的经典著作。

（三）文化对翻译形式的影响

文化既能影响翻译内容，又能影响翻译形式，以下是文化对翻译形式的影响的分析：

（1）政治总是与文化息息相关，因此政治制度也是翻译活动能否顺利进行的重要因素之一。

（2）人们总是趋利避害，学习好的东西，放弃不好的东西。文化也有强弱之分，文化的强势、弱势影响着翻译活动方式。

（3）翻译需要具备创造性，要想翻译结果生动贴切，就需要有一个开放的思维。越是积极对外开放的民族越容易得到更加生动的翻译结果，所以民族心理的开放程度在一定程度上决定着翻译活动的准确与否。

（4）翻译的文化性决定了它与文化息息相关，密不可分。越是需要文化的民族，对于翻译活动就越迫切。

综上所述，翻译与文化是相辅相成，密不可分的，翻译者不仅需要熟练掌握两种语言，还要了解两种文化的内涵和两个民族的社会习俗，这样才能得心应手的进行翻译工作，让译文更加贴合源语想要表达出来的内容。

二、翻译对文化的影响作用

翻译对文化的影响主要表现在对语言表达的作用、对文学发展的作用、对文化交流的作用三个方面。

（一）翻译对语言表达的作用

在全球文化交流日益密切的今天，跨文化活动的数量也急剧增加。文化交流主要是通过语言进行的，而不同语言之间沟通的桥梁是翻译。在翻译的作用下，不同文化之间的沟通和往来更加密切，对语言表达也起到了丰富的作用。

（二）翻译对文学发展的作用

翻译和文化之间的密切关系使得许多国外的优秀文学作品被翻译成中文传入中国。通过阅读这些作品，读者可以了解国外名家的创作特色、写作风格，从而吸取外国作品中的精华部分，然后结合我国的文化背景进行创作，让中国文学蜕变得更加美好，提升了中国文学的品质。

除此之外，不同文化之间的交流也让创新成为可能，经过翻译的一番作用，各种崭新的文化理念争先恐后的涌现，世界文学也有了更好的发展方向。

（三）翻译对文化交流的作用

翻译不仅是作品之间的传播、文化之间的传播，同时还是一种文化交流活动。大体上说，翻译的实质是为了进行不同文化间思想的沟通与交流。翻译通过克服不同语言之间的障碍、改变语言的形式进行文化意义的传达。这种传达是一种文化的交流活动，沟通着不同文化，同时也丰富着自身文化。

第四节　对翻译文化转向的认识

一、翻译文化转向的内涵

（一）宏观文化层面

以巴斯奈特（Bassnett）和勒弗维尔（Loveville）等为代表的西方翻译文化学派提出的翻译研究"文化转向"将翻译活动视为一项跨越文化间的活动，把文本放置于社会、文化、历史等翻译的宏观要素之中进行考察。[①] 但他们却又限于翻译的宏观文化之中，于是直接导致对翻译诸多方面只能做到宏观地泛泛而谈，提不出任何实质上的可供译者操作与运用的翻译活动指导思想。这些局限和不足归根结底还是因为他们未能清晰地认识到翻译活动中的三层文化视角。按照翻译活动中文化划分为宏观、中观和微观三个层面的思路分析，翻译活动不是"凭空"发生的，总是发生在特定的社会文化背景之下。这种特定的社会文化背景具体包括：原文创作时的文化背景、翻译进行时的文化背景、译者自身所处的文化背景、译作被接受时的文化背景以及译文读者所处的文化背景等。在这诸多文化背景之中翻译活动进行时势必存在着至少两种民族文化间的差异以及同一民族文化的历时性时代差异。这些都可视为翻译活动的文化大环境，即翻译研究的"宏观文化"。[②] 这种社会宏观文化大背景的确不存在任何具体、实际的可操作性，也不涉及任何具体的翻译方法和策略。

（二）微观文化层面

"微观文化"主要是指某一民族文化中"专有"的东西，可理解为具有该民族的鲜明独特文化一内涵的表达式，由文化的差异性引起，代表着人类各个民族显现出异彩纷呈的区别于其他民族的形态，由文化的特殊部分组成，简称为该民族的文化专有项。文化专有项不拘泥于形式，允许如词、短语、句子或篇章结构等一切形式存在。文化专有项具体有以下几种表现形式：

[①] 周兴华. 翻译教学的创新性与前瞻性体系研究 [M]. 长沙：湖南师范大学出版社，2018：86.
[②] 黄振定. 翻译学论纲 [M]. 北京：外语教学与研究出版社，2009：61.

（1）译入语中没有相应对等语的真正的文化空缺。

（2）译入语中有相同或相似的表达但其意义并不完全对等，特别是看似相同或类似的隐喻却有不同的寓意。

（3）看似不同或相异的表达、隐喻却有很相近或完全等同的意义。

在翻译文化专有项时，既可选择侧重于源语文化的异化翻译方法，又可选择侧重于译入语文化的归化翻译方法。

二、翻译文化转向的合理性

从纯理论的角度来看，翻译学的文化转向既具有不可抹煞的合理性，又具有难以回避的局限性。而对翻译学文化转向做出这种论断，是以翻译的语言与文化双重属性以及翻译学的内部与外部两种研究类型为参照标准的：其合理性表现在翻译学的文化转向以前所未有的深度揭示了翻译的文化属性，构成了翻译学一直所缺少的外部研究。

翻译学的文化转向是在当代西方众多人文社会科学领域都经历文化转向的背景下发生的，顺应了当前学术思潮的发展大势。

因此，从宏观上来讲，翻译学作为人文社会科学领域一门与文化研究具有许多共性的新兴学科，在当代学术思潮的影响下发生文化转向自然是合情合理的了。当然，之所以说翻译学的文化转向是合理的，还有更深层的原因。

一是，翻译学的文化转向深刻揭示了翻译的文化属性。

二是，翻译学的文化转向构成了翻译学或翻译研究一直所缺少但非常重要的外部研究。

三、翻译文化转向的局限性

文化转向拓宽了翻译研究的视野，体现了翻译研究的跨学科性，具有积极作用。但文化转向未能正视翻译的本质属性，误导了翻译研究与翻译实践，其问题与局限性不容忽视。翻译学的文化转向在对语言学派翻译研究模式进行反拨的同时，抑此扬彼地忽视或否定了翻译的语言属性和翻译学的内部研究。另外，至于一些学者提出来的所谓译学（研究）的"文化整合范式"——一种对翻译学文化转向及其研究模式的称谓——在本质上看来不过是泛文化主义和文化决定论的别称，盛名之下，其实难副。

翻译研究学派是在语言学派面临困境之际诞生的，其研究范式就是在对语言学派研究范式进行反拨和超越的基础上形成的，而翻译研究学派之所以倡导翻译学的文化转向，在很大程度上也是出于对语言学派研究范式的不满。翻译研究学派学者巴斯奈特和勒弗维尔倡导翻译学文化转向的初衷原本是想在吸纳语言学研究方法的基础上对其进行超越，而他（她）们所引证的斯内尔—霍恩比（Snell Hornby）的观点也是试图用以文化为取向的翻译研究方法来弥合语言学研究方法与文艺学研究方法之间的鸿沟，但实际的情况是翻译学在发生文化转向后越来越背离了巴斯奈特、勒弗维尔和斯内尔—霍恩比等人的初衷并走向了另一个极端——有意或无意地简单否定了语言学派的翻译研究成果和方法。翻译学文化转向发生的这种背景及其以后的发展和衍化过程造就了它的局限性。

（1）翻译学文化转向在彰显翻译文化属性的同时越来越漠视了翻译的语言属性。

（2）翻译学文化转向倾向于将宏观的外部研究视作其全部的研究范畴，从而在事实上取消了翻译学的内部研究。

首先，翻译学的文化转向在很大程度上逐渐忽视了翻译的语言属性。其次，翻译学的文化转向夸大了它所从事的外部研究，误将其视为翻译学研究的全部，从而在事实上取消了同样不可或缺的翻译学内部研究。

另外，翻译学的文化转向还有一个倾向，那就是注重考察翻译产品，或者说译本在译语文化中的功能、作用和影响，而这也是一种翻译学的外部研究。当然，翻译学文化转向所形成的这种翻译学外部研究弥补了翻译学研究以往的缺陷，具有不可抹煞的合理性，但问题是："在西方文化批评和后殖民理论的导引下，当前的翻译研究又产生了远离内部研究而完全倾注于外部的倾向，甚至认为这才是真正的发展方向"，[1] 换句话说，就是认为当前的外部研究已是翻译学研究的全部了。而这种倾向在事实上取消了翻译学的内部研究。

---

[1] 吕俊. 论翻译研究的本体回归——对翻译研究"文化转向"的反思 [J]. 外国语, 2004 (4).

第二章　英汉语言比较与翻译技巧

在语言学习中，进行语言比较与掌握语言翻译技巧是尤为关键的。英汉语言在词汇、句法与语篇等方面有较为明显的差异，因此在学习过程中需要在了解这些内容的基础上进行翻译技巧的掌握。本章主要对英汉词汇、句法与语篇等方面进行了比较，并概括和总结了在面临这些差异时如何恰当地运用翻译技巧。

第一节　英汉词汇比较与翻译技巧

一、英汉词汇比较

（一）英汉构词法对比

科学技术的发展让人与人之间的交流变得更加密切。许多令人耳目一新的网络用词不断涌现出来，符合社会发展需要的词汇会继续被人使用，而不甚恰当的词语则会被人淘汰。这说明了语言也是在不断地发展变化的。尽管这些词语的出现看起来毫无规律，但实际上语言的不断进步遵循着一种名为构词法的规律，不同语言的构成法也是不同的。

1. 派生法对比

在英语中，派生法是比较常见的构词方法，即将词缀和词根组合起来，构成个新的词语。词缀又有前缀和后缀之分，不管是英语还是汉语，都有这个概念。故而从下面两个方向分析英语派生法。

（1）前缀构词对比

首先来看英语的前缀构词。一般来说，英语构词前缀都是为了改变词汇的含义。有的词汇表达了数量，有的词汇表示方位、有的词汇表示程度的大小、有的词汇用来表示时间，还有的词汇表示肯定或否定的意义，这些都是用前缀来划分，表达了词语不同的含义。

但事无绝对，在某些情况下，前缀还是能够影响词汇的词性的。而且这一趋势随着时间的变换不断增大。

汉语中也有派生法这种构词方法，不过与英语恰恰相反的是，汉语中的前缀通常是用来改变词性，对意义的作用不大。不过我们并不能否认汉语前缀对词汇意义的作用。大部分汉语前缀还是有意义的，譬如说想要表达数量、表达肯定或是否定的态度的前缀。虽然汉语和英语都有派生法这种构词法，但是两者的词缀构词方式有着很大不同。英语和汉语的词缀很难在对方的词汇中找到相对应的形式。

（2）后缀构词对比

在前缀构词上英语和汉语有着诸多不同，但在英语后缀和汉语后缀上二者又有许多相同的元素。英语后缀不再是改变词汇的意义，反而是改变词汇的词性，对词语的意义仅仅有一个装饰的作用。

在汉语中，后缀要比前缀多许多，其主要功能也是改变词性，这一点与英语是相同的。不同的是，英语中的后缀构成"名、形、动、状"四类，汉语中的后缀在构成新的词汇时，词性上一般名词居多，其后缀的作用不像英语中那么广泛。所以，汉语后缀常根据其意义进行分类，具体可分为以下几类。

第一类是与人有关的一类。譬如与家族伦理关系有关的后缀，像爷、父和子的这种。还可以是表示人的工作的后缀，譬如说工匠的"匠"、老师的"师"、科学家的"家"等等。

第二类是与数量有关的一类。我们平时说的一辆车的"辆"、一只鸟的"只"、一幅画的"幅"、一匹马的"匹"等等，就都属于这一类后缀。

第三类是和抽象的、没有实物的概念有关的一类。像是刑法的"法"、生物学的"学"、方法论的"论"、重要性的"性"等等，都属于这一类后缀。

第四类是与实物、物品有关的一类。譬如说发动机的"机"、热水器的"器"、地动仪的"仪"等等，都属于这一类后缀。

第五类是与地点、住所有关的一类。像是图书馆的"馆"、医院的"院"、地下室的"室"等等，都属于这一类后缀。

第六类则是没有实际意义的构词性后缀，读起来一般是轻声，比如说带"儿"字的花儿、朵儿、猫儿；带"子"字的孩子、帽子、鞋子；带"头"字的石头、馒头、骨头等等。

汉语后缀相较英语后缀来说，数量较少且功能不显。一般来说，汉语后缀都是名词，汉语后缀和英语后缀很难对应起来，二者存在着较大的差别。

2. 复合法对比

复合法是汉语中最常见、最重要的一种构词方法。这种方法可以将两个没什么关系的字或是词经过排列组合，构成一个崭新的，具有意义的词语。如果想要创造一个意义鲜明的新词汇，复合法无疑是最为恰当的。在英语中复合法的地位就并不像汉语中这般靠前，缀合法以及派生法都是英语中更为常见的组合新词语的方法。

比较常见的英语复合词可以分成两类，一类是复合名词，这一类词语可以是两个名词组合在一起，也可以是形容词和名词组合在一起或是动词和名词组合在一起；另一类是符合形容词，这一类词语的形式包括这几种：形容词+名词+（e）d、形容词+现在分词、名词+过去分词、形容词+名词。

比较常见的汉语复合词则可以分为以下四类：

第一类是联合。这一类汉语复合词是将两个平行关系的词素结合在一起，形式多样，词汇丰富。

第二类是主谓。这一类复合词简单来说就是表示谁做了什么，主语是做动作的部分，谓语则是做了什么。譬如说，头晕、肩负、海啸等等。

第三类是动宾。这一类词语是汉语中比较常见的符合词语，结构是动词加名词，简单来说就是对谁做了什么。譬如说：踢球、挥手、跳舞、用力、喝水、唱歌等等。

第四类是偏正。这一类复合词在汉语复合词中占据主要地位，会用一个词的词素去修饰另一个词的词素。偏正的复合词结构较为复杂，有修饰作用的词素占据前面的位置，而名字则占据了后面的位置。

综上所述，英语构词和汉语构词和而不同，两者都有自己独特的构词方式，但又有相似之处。这就需要我们辩证地去看待英语和汉语的构词方法，区分好二者特有的构词方式分别是那些。

3. 缩略法对比

缩略法，顾名思义，就是截取一个完整的词语的一部分，让其变成一个新的词语，新词语可以取代原词。

在英语中，缩略词可以分为四种。

第一种是将每一个单词的第一个字母提取出来，然后将这些字母排列组合成为一个新的词汇，这就是首字母缩略词，需要注意的是，首字母一般用大写字母来表示。

第二种则是将一个完整词语切割开来，将其中的一部分去掉，变成一个新的词汇。这种词汇叫作节略式缩略词。

第三种是数字式缩略词。从名字就可以看出这种缩略词少不了数字的参与，选择一个词语将其和数字结合在一起，要注意结合点需要是词汇结构或是读音上的相同点。

第四种是混合式缩略词。这种词汇是由两个或是更多的单词组合成的新词。

汉语中的缩略词和英语中的缩略词有些许差异，下面就来分析一下汉语中的缩略词类型。

首先是截取式缩略词，这种缩略词是将原来的汉语词汇中的非常典型的一部分截取出来，代替原来词汇的名称。具体的截取方法要看词汇的实际情况，既可能截取头部，又可能截取尾部。

然后是数字概括式缩略词。这种词汇和英语中的数字式缩略词有异曲同工之处，用数字来概括词汇中相同的部位，或者是分析词汇的意义和特点，将这些特点归纳整理起来，总结出一个具有代表性的抽象词语来概括这个词汇，并在抽象词语的后面加上数字。

最后是选取时缩略词。这种缩略词在原词中选取的位置并不固定。只要是典型的、能代表这个词汇的点词素都可以被选取。或许是所有词汇的首字，又或许是这个词汇的首字和另一个词汇中的尾字等等，选取位置不同，会根据词的意义和特点发生改变。

总的来说，如果从词汇构成形式这个层面来看的话，英语和汉语的缩略词确有非常相像的地方，不过二者在数量上不可比拟，英语缩略词的数量颇多，远远大于汉语缩略词的数量。另外，汉语缩略词并不一定都是词，有时仍然属于"语"这一类的范畴，但是英语缩略词就属于词了。

（二）英汉词义对比

在词义方面，英汉词汇也表现出显著的差异。这些差异具体表现在词义特征、语义范围、内涵意义几个方面。

1. 词义特征对比

英语词义最显著的特征就是意义灵活、丰富多变，这也就使得英语词义在很大程度上要依赖于上下文。例如，grandmother 一词在英语中有"祖母"与"外祖母"两种含义。再如，uncle 一词在英语中既可以指"伯父""叔父"，也可以指"姑父""姨夫""舅父""表叔"。

由上述内容可知，不同情境下，同一个英语单词也会有着不同的含义。一词多义是英语中非常常见的现象。当然，不能否认的是，在英语中，这种一词多义的情况尤为突出，许多词语应用在不同的语境中就有这不同的意义。

相对而言汉语词义的意义就非常鲜明。言简意赅、意义明确，很少有混淆的情况。不过汉语的组词搭配能力十分出色，尽管单字的意义很明确，但是不同的组合方式也会给汉字词语赋予不同的意义，所以汉语强大的语义繁衍能力使得它拥有相当丰富的词汇意义。

2. 语义范围对比

从语义范围这个层面来看，英语词汇和汉语词汇存在着明显的不同。即使是同一个概念，在汉语和英语中的语义范围也有很大差别。举例来说，汉语的一个"打"字，有打扫卫生、打磨、打发、打架、打电话、打工等等，很明显这个"打"字在上述词语中的含义都不尽相同，所以就无法用英语中相对的 hit 或是 beat 这两个词汇来表述。并且，这样的语义范围的词汇在英语中很难被找出来，汉语中的"打"的语义范围相对于英语中的 hit 和 beat 是要更加广阔的。

尽管如此，英语中也不乏语义范围广泛，大于汉语的语义范围的词语。譬如说英文单词"kill"，在汉语中是"杀"，这个词在英文中的含义就非常广泛，下面我们进行分析：

I'm reading this book just to kill time.
我读这本书只是为了消磨时间。
She kills her child with kindness.
她宠坏了小孩。
He took a snack to kill his hunger.
他吃零食充饥。

3. 内涵意义对比

除了语义范围和词义特征，一个词语的内涵意义才是这个让词汇独具特色，意义非凡的核心之处。无论是英语还是汉语，大部分词汇都不是只有简单的基本意义，而是有着极其丰富的内涵意义。词汇的内涵意义不能够脱离词汇的基本意义单独存在，在英汉语言中，这样的词语在意义上往往存在着一定的差异。比如说，中国人看到"梅花"就会想到"梅花香自苦寒来"，梅花这个形象是清雅高洁的，但英语中的 plum blossom 仅仅指的是梅花这种植物。除此之外，英文中也有这样的例子。譬如，individualism（个人主义）在英文中指的是一种学说，这种学说肯定了人的价值和意义，认为人在社会生活中是非常重要的一环。但是在汉语中它的意义就和英文中的个人主义大相径庭。在汉语中，个人主义并不是一种学说，甚至它还是一个贬义词，用来形容那些在社会交往中只考虑自己，只关心自己的自私自利的人。这种差异也从侧面证明了中华民族和西方人在价值观、世界观、人生观等观念上存在着较大的差异。

二、英汉词汇翻译技巧

(一) 寻找对等词

由上述内容可知，大多数英语词汇都具有一词多义的特点，所以我们在将英文翻译成汉语时，语境就显得尤为重要。为了更好地揣摩原句的语境，在目标语中找到与原句含义差不多的词语，即寻找对等词就显得尤为重要。例如：

As lucky would have it, no one was hurt in the accident.
幸运的是，在事故中没有人受伤。
As lucky would have it, we were caught in the rain.
真倒霉，我们挨雨淋了。

(二) 词性转换

词性转换就是通过将名词转换为动词或者将形容词转换为名词等方法把挑选出来的原来句子中的词语换一种词性，便于更贴切的翻译。例如：

The operation of a computer needs someknowledge of its performance.
操作计算机需要懂它的一些性能。（名词转换为动词）
All the students say that the professor is very informative.
所有的学生都说那位教授使他们掌握了许多知识。（形容词转换为名词）

(三) 拆译

有些英语单词很难用一个汉语词汇描述出来。所以当原文中的单词不好翻译的时候，拆译不失为一个事半功倍的方法。将原文中翻译起来有难度的词语从整句中截取出来，或是重新组合成句翻译，或是作为整个句子的补充，这样就能更完整、更准确地翻译好整个句子。例如：

There is also distressing possibility that John isn't quite the catch the police thought.
还存在这样一种可能性，被抓住的约翰不见得就是警察所预想的那个人，这种可能性是让人泄气的。

(四) 增译

增译就是根据意义、修辞和句法上的需要，在原文的基础上增添一些词语，以使译文符合译入语的行文习惯，并在内容、形式和文化背景与联想意义上与原文相对等。例如：

The sky is clearblue now, the sun has flung diamonds down on meadow and bank and wood.

此时已是万里蓝天，太阳把颗颗光彩夺目的钻石洒向草原，洒向河岸，洒向树林。

(五) 省译

省译的省就是省略的省。也就是说当使用省译的方法翻译英语句子时，可以适当地将整个句子中繁杂的、意思重复的词语省去，但这个省略的前提时不能够改变原文的意思。例如：

The sun was slowly rising above the sea.
太阳慢慢从海上升起。
Differentkinds of matter have different properties.
不同的物质具有不同的特性。

第二节　英汉句法比较与翻译技巧

一、英汉句法比较

(一) 形合与意合对比

一串词语想要连成一句完整的句子需要采用一些基本的句法结构。由于英语和汉语的表述方法不同，两种语言文化之间存在着较大的差异。形合与意合就是英语单词和汉语词汇在组成句子时最根本、最广泛出现的差异。简单来说，在语言学里，形合与意合之间的差异实质上就是英语和汉语之间的差别。

虽然形合与意合之间存在差距，但是它们又是一串单词能否组成一句结构正确、句意明确的句子的内在依据。形合和意合的概念都有广义和狭义之分。首先我们来看形合的概念。广义的形合囊括了多种组合句子的方式，只要是需要借助语言形式和形态手段来组合的句子都可以用形合的方法。这种形合所能包容的范围十分广泛，从语汇词类标记一直到局势标记都能组合。狭义的形合则不包含句法、句式，仅仅包含对词汇的标记。

广义的意合和形合不同，它并不借助各种形式手段，故而也不会用这种手法去阐述句子的意义。狭义上的意合则只关注句子在层次上的逻辑关系以及句子本身的含义。

尽管国内外的诸多学者都认为语言存在形合与意合之分,譬如说英语的形合特征格外明显,而汉语显然极具意合特色。但是从实际情况来看,语言这门学科并不能被这两个特征所分开,或许有一些形合或是意合的特征,但也只是侧重而已。

英语的形合特征十分明显,这个特色的形成有很大一部分原因是英语句子主次分明的句式结构。人们用英语造句的时候,对于句子结构的要求十分严格,对于形式的连接十分重视,把句子的丰富内涵都铺入整个完整的句式结构,使得英语句子结构严谨、形式规范、意味绵长。

汉语的意合特征十分明显,所以非常注重追求整个句子的意念,反而对句子的结构和形式没有那么严谨的要求。汉语句子一个非常显著的特点就是连接词并不鲜明,但逻辑关系紧密,整个句子的句意连贯,内涵丰富。如果说英语句式像是枝繁叶茂的树,那么汉语句式就是挺拔直立的竹,看似根根分明,但根部始终缠绕在一起,形散但神不散。

(二) 英汉句子语序对比

不同的语言文化会受到各地风格迥异的地域文化和民俗特色的影响。我们学习一种民族的语言,自然而然地就能在字里行间发现这个民族的思维方式和生活习惯以及文化特色。以英语作为母语的西方人注重逻辑思维和形式论证,人本身的思维活动要占据极大的主动性,所以在使用语言时,句式结构也会根据民族文化特色来排列,"主语+谓语+宾语+状语"的句式顺序非常固定,极少数时间才会发生变化。而以汉语为母语的中华民族讲究"天人合一",将人本身的感受放在首位。并不像英语那样首先关注的是"人干了什么"而是"人觉得怎么样",故而句式顺序一般为"主语+状语+谓语+宾语"。英语综合性强,所以句子语序相对严谨,非常固定;汉语注重分析句子的含义,所以句子的语系较为固定。不过从二者的语言表达顺序来看,状语和定语的位置是决定英语和汉语语系差别的主要因素,以下就是对句子定语和状语的分析。

1. 定语位置对比

相对来说,在英语句子的语序中,定语的位置并不固定,会有下面两种情况。

(1) 当定语是一个英语单词时,会放在名词的前面;

(2) 当定语是一个短语或者短句时,会放在名词后面。

和英语不同的是,汉语中定语的位置并不那么灵活,一般是固定在被修饰的词语前面,只在少数情况下会有定语后置的现象。

2. 状语位置对比

和定语相似的是，在英语中，状语的位置也十分灵活，一般也分为两种情况。

（1）当使用单词做状语时，状语的位置十分复杂，可以放在整句话的最前面、谓语之前、助动词和谓语动词之间或最后面。

（2）当使用短语或句子做状语时，状语的位置相对固定，一般是放在句首或者句末。

汉语中的状语位置依旧是相对固定的。通常情况下，状语都是放在主语的后面，谓语的前面；不过有时状语起到强调的作用时，也会被放在主语的前面或是句子的最后一部分。

除上述情况之外，当一句话中有两个较长的状语时，英语和汉语的情况也大不相同。英语一般会将这两个状语嵌入句中，而汉语则是将其分别放在句子最前面和句子最后一部分。

二、英汉句法翻译技巧

（一）从句的翻译

1. 名词性从句的翻译

英语的从句的性质多样，当从句属于名词性时，它有着多种句式，包括主语从句、宾语从句、表语从句和同位语从句，除了同位语从句之外，其他名词性从句的翻译顺序都可以按照原句的顺序来，而同位语从句既能用顺译法，又可以先翻译从句。例如：

He would remind people again that it was decided not only by himself but by lots of others.

他再次提醒大家说，决定这件事的不只是他一个人，还有其他许多人。

2. 定语从句的翻译

英语和汉语句子除了定语的位置大不相同，二者定语从句的发展方向也存在着差异。一般来说，英语句子中的定语从句是向右发展的，所以汉语句子中的定语从句是向左发展的，所以，我们在翻译英语定语从句时，可以采取以下手段：

（1）译为汉语中的"的"字结构。例如：

He was an old man who hunted wild animals all his life in the mountains.

他是个一辈子在山里猎杀野兽的老人。

（2）译为并列分句。例如：

He was a unique manager because he had several waiters who had followed him, around from restaurant to restaurant.

他是个与众不同的经理,有几个服务员一直跟着他从一家餐馆跳槽到另一家餐馆。

(3) 译为状语从句。例如:

He also said I was fun, bright and could do anything I put my mind to.

她说我很风趣,很聪明,只要用心什么事情都能做成。

3. 状语从句的翻译

状语从句的翻译相比定语从句和名词性从句来说相对简单,只要翻译为汉语的分句就可以。例如:

He shouted as he ran.

他一边跑,一边喊。

The crops failed because the season was dry.

因为气候干燥,作物歉收。

(二) 长难句的翻译

英语对句子每一个部分的主次、形式都十分看重,非常重视句子是否严谨,想要表达的意思是否准确。所以英语句子逻辑性缜密,将词汇、句式、语法合理的应用在一处,这就使得英语句子往往又长又复杂。这种长而繁杂的句子使得翻译变得有些难度。为了得到更准确、更富有逻辑的汉语翻译,我们应该先了解原文的句子结构,找出整句话想要表达的中心意思,然后理顺其每个部分的意义,进而分析出每个部分之间的逻辑关系,最后再根据汉语的表达方式和句式结构,全面、准确地将原文翻译出来。英汉翻译中,对于长难句的翻译有以下几种较为常见的方法。

1. 顺译

顺译就是按照英语长难句的内容表达顺序来对其进行翻译。这种方法的使用前提是句子的表达顺序是按照时间顺序或是内容之间的逻辑顺序排列的。不过顺译并不代表着汉语翻译顺序必须对照着英语的每个词汇的顺序,因为英语和汉语之间存在着差异,需要进行变动,灵活处理。例如:

As soon as I got to the trees I stopped and dismounted to enjoy the delightful sensation the shade produced: there out of its power I could best appreciate the sunshining in splendor on the wide green hilly earth and in the green translucent foliage above my head.

当我走进树丛时,我就从车上跳了下来并沉浸在这片绿荫给我带来的愉悦感受之中。这片绿荫给了我力量，让我能直面光芒万丈的太阳，阳光毫不吝啬地挥洒下来，照耀着波澜壮阔的山地和我头上的，郁郁葱葱的绿色叶子。

2. 逆译

由于英语和汉语在句式结构上存在着较大的差异，所以英语句子和韩语句子大多数时间都有着完全不同的表达顺序。所以当英语句子和汉语句子的表述顺序完全相反或是差异极大时，我们可以使用逆译的方法进行翻译，从后向前翻译，使转换过来的内容更加合理。例如：

There is no agreement whether methodology refers to the concepts peculiar to historicalwork in general or to the research techniques appropriate to the various branches of historical inquiry.

通常，方法论既能是历史研究中的一种特有的理论学说，又能是适用于历史研究中不同领域的研究方法，人们对于这两种观念的看法并不一致。

3. 分译

分译又称"拆译"，是指将英语句子中某些成分（如词、词组或从句）从句子中拆出来另行处理，这样不仅利于句子的总体安排，也便于突出重点。例如：

Television, it is often said, keeps one informed about current events, allows one to follow the latest developments in science and politics, and offers an endless series of programs which are both instructive and entertaining.

人们常说，通过电视可以了解时事，掌握科学和政治的最新动态。从电视里还可以看到层出不穷、既有教育意义又有娱乐性的新节目。

4. 综合译

当翻译落实到实际情况中时，很难简单地使用一种翻译方法就将原文合理准确地翻译出来，所以大多数时间我们都会综合采用多种翻译方法，这样才能让译文变得更有逻辑性、更加严谨通顺，例如：

She was a product of the fancy, the feeling, the innate affection of the untutored but poetic mind of her mother combined with the gravity and poise which were characteristic of her father.

虽然她的母亲受教育水平低，但她的心情是充满着诗意的，充斥着澎湃的感情、奇妙的幻想和温和的宽厚；而她的父亲则是沉稳如高山一般的，父母双方的结合造就了独特的她。

第三节　英汉语篇比较与翻译技巧

一、英汉语篇比较

(一) 英汉衔接手段对比

单词汇集变成句子，句子汇集则能够变成语篇。语篇是句子按照相应的顺序和连接手段排列组合起来，构成的既有逻辑性，又有中心思想的段落。语篇是句子合理衔接形成的产物，有着语法衔接和词汇衔接两种方法。英语和汉语在词汇衔接这种方法上有许多共同之处，但是在语法衔接方面则有着巨大差异，因此，我们主要来看二者在语法衔接手段上的差别。

1. 照应

把语篇中的说明对象用词汇来指代，从而能够更加顺畅，更加合理的将语篇中的各个句子衔接的方法就是照应。照应可以让整个语篇的表述变得更加连贯合理，并且我们从这里可以看出照应其实是一种语义关系。例如：

Readers look for the topics of sentence to tell them what a whole passages is "about", if they feel that its sequence of topics focuses on a limited set of related topic, then they will feel they are moving through that passage from cumulatively coherent point of view.

在这段话中，they 就是代词，代表着语篇中的说明对象。要想更加准确地把这个代词翻译出来，就必须联系上下文，找出它指代的意义，分析和它形成照应的词语。经过对上下文的分析探究，我们可以发现 they 和 readers 之间是照应的关系。

在汉语语篇中，照应关系也十分常见。

就照应的类型来讲，英汉两种语言并没有多大的区别，但是就照应手段在语篇中使用的频率而言，英语使用人称代词的频率要远高于汉语。这主要是因为英语语篇避免重复，而汉语行文习惯实称。例如：

Parents should not only love their children but also help and educate them.

父母不仅应当爱护自己的子女，还应当帮助自己的子女，教育自己的子女。

2. 替代

在语篇中，难免有有些词汇会被重复运用，替代就是解决这个重复运用问题的语言手段。想要找到替代形式的意义就必须从被替代的成分中挖掘，这也是在英语语篇和汉语语篇中经常出现的衔接手段。例如：

The Americans are reducing their defense expenditure this year, I wonder if the Russians will do too.

美国人今年在削减国防开支，我怀疑俄国人也会这样做。

不过，即使替代是英汉语篇中都会经常使用的衔接手段，但替代在两种语篇中的应用频率还是有所不同。相对来说，在英语语篇中使用替代手段的次数要更多一些。

此外，两者在替代手段的运用上也有着差异。英语经常使用代词来表示替代，但汉语基本是重复使用名词，这种差异也是英语和汉语在替代手段上存在的最鲜明的不同之处。

3. 省略

省略也是避免重复的一种手段。省略能够将句式结构中多余或是不必要的部分切割出去，让语句表达变得更加简练有效，是语篇中非常重要的衔接手段。英语和汉语语篇都经常会用到省略这种衔接手段，相对来说，英语使用的频率会更多一些，因为在英语语篇中，即使是省略也会有形式上的标记。这样因为省略而出现的歧义就会更少。

除了应用频率，英语和汉语语篇中另一个使用省略手段的显著差异是二者省略的成分大不相同。由于汉语中的主语有着较强的控制力和承接力，所以汉语可以省略主语，但英语显然是不能够的

4. 连接

连接也是英汉语篇中的常用衔接手段。语篇中的连接关系往往是通过副词或是词组来实现。这些词语不仅能够让语篇变得更加符合逻辑，句子之间的组合更加合理，它们本身还具有明确的含义。这样就使得我们在阅读的时候能够清楚地了解到句子之间的逻辑顺序和语义联系。

连接关系主要是通过连接词或是一些副词、词组来实现的。语篇中的连接成分往往是具有明确含义的词语。通过这些词语，人们可以有效地了解句子之间的语义联系。按照连接词的功能来划分可以分为以下几种：

（1）有着添加、递进功能的连接词是为了能在一句完整的句子上增加新的内容。and, what is more 等都是较为常见的有添加功能的连接词。

（2）有着转折功能的连接词能够将前后两句意义截然不同的句子连接在一起，but, however, on the other hand 等都是比较典型的有着转折功能的连

接词。

（3）有着因果功能的连接词可以把表示原因的前句和表示结果的后句联系在一起，在英语中最常见的因果连接词就是 because。

（4）有着时序功能的连接词经常用来说明语篇中发生时间的时间顺序，first，then，next 等都是非常常见的时序连接词。

这些连接关系不仅在英语中十分常见，在汉语语篇中也同样存在。"除此之外""另外""再说"能够表示添加和递进；"但是""不过""可是"能够表示转折；"因为""所以""由于""正因如此"能够表示因果；"然后""此后""后来""接着"能够表示时序。

由上述内容可知，英语和汉语语篇的连接词功能是大致相同的，只是在使用上的性质有所差别。

（二）英汉语篇模式对比

使用语言进行交际时会受到一定规则的制约，语篇模式就是长久以来对人们对语篇的形成和理解有着重要影响的重要因素。这种模式通过语言的长期积累形成，一般是已经定型了的或者城市化的语篇组织形式和策略。语篇模式在英语和汉语语篇中的都有着一定作用，但英语语篇模式和汉语语篇模式有着非常明显的差别，下面我们逐步对这种差异进行分析。

语篇模式是通过语言社团长期的积累并在以往经验的基础上形成的一些程式化或定型的语篇组织形式或策略。语篇模式的使用体现了语言交际的规约性，在语篇的形成和理解过程中发挥着重要作用。在英汉两种语言中，语篇模式就有着显著的差异。以下就分别来了解一下英语语篇模式和汉语语篇模式，并从中了解英汉语篇的差异。

1. 英语语篇模式

英语语篇模式最为常见的是"概括—具体模式"，简单来说就是将中心对象先大致描述然后再细致分析的模式，它还能够被称为"一般—特殊模式"或是"预览—细节"模式。其次是"问题—解决模式"，这种模式就是先提出中心问题，然后顺理成章的分析问题、解决问题最后进行总结。不过这个解决过程的顺序并不是固定的，偶尔也会发生一定变化。还有一种模式是"主张—反主张"模式，这种模式首先会提出一个大家耳熟能详的主张和观点，然后提出一个和这个观点恰恰相反或是自己发现的主张和观点，这种模式通常应用在论辩类的语篇中，是为了更细致、更准确地分析论点。最后一种模式是匹配比较模式。这种模式可以分为两种，一种从整体上比较两种事物的异同之处的叫作整体比较，还有一种则是选取典型特点进行比较的叫作对应点比较。

2. 汉语语篇模式

汉语语篇模式和英语语篇模式既有相似的地方，也有存在差异的地方。像是"主张—反主张模式"和匹配比较模式都是两者共有的，但汉语语篇模式的焦点和中心不像英语语篇模式，汉语语篇的焦点和重心往往是不固定的，十分灵活，有时甚至十分模糊，没有焦点。

二、英汉语篇翻译技巧

一篇完整的语篇是由单词和句子组成的，所以要想更准确、更合理地将语篇翻译出来，除了要准确翻译好句子和词汇，句与句之间，词与句之间的衔接和连贯不容忽视，只有将这些连接部分也准确翻译，译文才会更加富有逻辑性，也更加完整。

（一）语篇衔接

注重语篇衔接能够让语篇翻译更加符合逻辑。在翻译语篇时，要对原文的意义完全掌握，辅以合适的衔接手段，将句子和段落按照逻辑，合理地组织起来，构成完整的语篇。例如：

The human brain weighs three pounds, but in that three pounds are ten billion neurons and a hundred billion smaller cells. These many billions of cells are interconnected in a vastly complicated network that we can't begin to unravel yet… Computer switches and components number in the thousands rather than in the billions.

人脑只有三磅重，但就在这三磅物质中，却包含着一百亿个神经细胞，以及一千亿个更小的细胞。这上百亿、上千亿的细胞相互联系形成一个无比复杂的网络，人类迄今还无法解开这其中的奥秘……计算机的转换器和零件只是成千上万，而不是上百亿、上千亿。

（二）语篇连贯

语篇除了要富含逻辑，衔接合理，还应该是连贯、顺畅的。对英语语篇进行翻译时要准确把握句与句之间、段与段之间的关系，这样才能让译文更加贴合原文的表述。例如：

He was a little man, barely five feet tall, with a narrow chest and one shoulder higher than the other and he was thin almost to emaciation. He had a crooked nose, but a fine brow and his colour Was fresh. His eyes, though small, were blue, lively and penetrating. He was natty in his dress. He wore a small blond wig, a black tie, and a shirt with ruffles round the throat and wrists: a coat, breeches and waistcoat of fine cloth, gray silk stockings and shoes with silver buckles. He carried his three—cornered hat under his arm and in his hand a gold-headed cane. He walked everyday, rain or fine, for exactly one hour, but if the weather Was threatening, his servant walked behind him with a big umbrella.

他个头矮小,长不过五英尺,瘦骨嶙峋,身板细窄,且一肩高一肩低。他长着一副鹰钩鼻子,眉目还算清秀,气色也还好,一双蓝眼睛不大,却炯炯有神。他头戴金色发套,衣着非常整洁:皱边的白衬衣配一条黑色领带,质地讲究的马甲外配笔挺的套装,脚着深色丝袜和带白扣的皮鞋。他腋下夹顶三角帽,手上挂根金头拐杖,天天散步一小时,风雨无阻。当然落雨下雪时自有仆人亦步亦趋,为他撑伞。

(三) 语篇语域

语篇语域同语篇的作用和使用情景息息相关,不同的场合我们会应用不同的语篇,比如说,应用在广告中的语篇应该极具说服力,这样才能让人们提起购买欲望;应用在文学中的语篇应该极富艺术美感,这样才能让人们体会到文字的美妙。因此,我们在对语篇进行翻译时,要注重原文的语域,让译文和原文处于相同的场合,使译文从内到外都与原文处处贴合。例如:

Established in the 1950s, East China Normal University, led by the Ministry of Education and nourished by the rich resources of the modern city of Shanghai, has developed quickly among the institutions of higher teaming. It was listed asone of the sixteen key universities in China as early as 1959. Nearly fifty years of development has shaped it into a prestigious comprehensive university, influential both at home and abroad. Right at the arrival of the new century, we are determined to seize the opportunities, meet the challenges, unite and work as hard as before, and contribute our fair share to the development of ECNU.

华东师范大学于1950年左右在上海成立。这座经济繁荣、物质繁华的摩登都市无疑给华东师范大学的发展带来了诸多机会。当然,国家和教育部门对师范教育的关注和用心也是华师大能在全国高教院系中脱颖而出的重要原因。1959年,华东师范大学成功跻身全国16所重点大学之列。时至今日,经过了近半个世纪的发展和壮大,华东师范大学逐渐成为一所科研力量强大、师资力量雄厚的教学科研型大学。目前,华师大办学特色鲜明,在国内国外的声誉都很高。随着新时代的到来,我们应该抓住时代的机遇,直面激烈的竞争和艰难地挑战,积极投身校园建设,勇于创新、敢于开拓、时刻进取,为华东师范大学更上一层楼贡献出我们的热情与力量。

第三章 英汉修辞与语用文化比较与翻译技巧

不同文化背景下的人们在使用其本民族的语言时,会采取不同的方式对语言进行加工、润色和调整。也就是说,语言不同,其修辞倾向也存在着明显的差异和区别。由于英汉文化的差异,在具体语言使用方面也有着各自的特点。对于当代英汉语用文化进行对比与翻译研究能够提升语言使用者跨文化交际的顺利程度。就英汉两种语言来看,它们属于不同的语系,同时又受到中西历史文化差异以及两个民族在思维方式方面差异的影响,他们在词汇、句法、语篇等语言的各层面所呈现出来的修辞倾向也相差甚远。对英汉修辞文化进行对比分析不仅对不同文化背景下人们的言语交际大有帮助,并且对翻译也有着重要的促进作用。本章就围绕英汉修辞文化和语用文化的对比与翻译进行探讨和分析。

第一节 英汉修辞文化比较与翻译技巧

一、英汉修辞文化比较

(一) 英汉比喻修辞比较

1. 比喻概述

比喻也称"譬喻""打比方",是根据事物之间的相似点,用乙事物(喻体)来描绘甲事物(本体)。亚里上多德在《修辞学》中指出,比喻是用相近的类似事物作隐喻使人想起那个不明说的相近事物。比喻是认知的一种基本方式,通过把一种事物看成另一种事物而认识它。通常汉语比喻有明喻、暗喻(隐喻)、借喻之分,英语比喻有明喻(simile)、暗喻/隐喻(metaphor)、转喻/换喻(metonymy)和提喻(synecdoche)之分。

比喻是世界各语言中使用最为广泛的一种修辞手法，著名作家秦牧将它称为"语言艺术中的艺术，语言艺术中的花朵"[①]。比喻可以使行文说话更加生动、形象和易于被人接受。比喻是不同语言中的共同现象，但因民族的生产发展、社会环境、生活方式以及思维模式的不同，各个民族的比喻也呈现出各种差异，英汉比喻也是如此。

2. 英汉比喻比较

各个民族的比喻都有着各自的特点，英汉比喻也是如此，因英汉民族文化背景的不同，也就产生了比喻使用上的差异。以下我们就从几个方面来比较分析一下英汉比喻的异同。

（1）喻体相同

虽然英汉民族生活在不同的其至相距很远的区域，但人类的共性使得两种语言依然存在一些喻义相同而喻体不同的比喻。例如：

walls have ears　　隔墙有耳
go through fire and water　　赴汤蹈火
fish in troubled water　　浑水摸鱼

（2）喻义、喻体都相同

在英语和议语中。有些比喻是同时存在的，甚至比喻的喻体和喻义十分相似或相同。例如：

as black as coal　　像煤一样黑
as red as blood　　像血一样红
as light as feather　　轻如鸿毛
pou roil on the fire　　火上加油

3. 喻体错位

喻体错位指的是比喻的喻义相同而喻体不同。喻体错位这种现象在英汉语言中也十分常见。之所以产生这种现象是因为比喻的民族性使得英汉两个民族在表达相同或相近的意义时使用了不同的喻体。例如：

as weak as water　　弱不禁风
birds of a feather　　一丘之貉
as timid as a rabbit　　胆小如鼠
aral in a hole　　瓮中之鳖
kill two birds with one stone　　一箭双雕
You havemade your bed, and you must lie on it.　　作茧自缚

---

① 尹益群. 英汉文化比较与翻译探析［M］. 北京：中国时代经济出版社，2013：167.

(二) 英汉排比修辞比较

排比 (parallelism) 是把结构相同、相似、意思密切相关、语气一致的词语或句子成串地排列的一种修辞方法，语气一贯，节律强劲，各排比项意义范畴相同，带有列举和强化性质，可拓展和深化文意。英语和汉语中都有着这种修辞方法，都能够加强语气，有着相同的修辞效果。

1. 修辞作用方面

英汉排比的修辞作用大致相同，主要表现在以下几个方面。

第一，排比用于说理，会使说理更加周密、透彻、发人深省。例如：

Studies serve for delight, for ornament, and for ability. Their chief use for delight, is in the privateness and retiring; for ornament, is in discourse; and for ability, is in the judgment and disposition of business.

Francis Bacon: Of Studies

读书足以怡情，足以博彩，足以长才。其怡情也，最见于独处幽居之时；其博彩也，最见于高谈阔论之中；其长才也，最见于处世判事之际。

王佐良译

原文采用了两个排比句来加强修辞效果，让读书的目的和作用更加突出了，将段落中心思想很好地表述出来。除此之外，排比句读起来朗朗上口，韵律极强，让整个表述更能使人信服。

第二，排比用于说情，可以让语句节奏更加和谐明快，感情洋溢，十分丰富。例如：

For it is not light that is needed, but fire; it is not the gentle shower, but thunder. We need the storm, the whirlwind, and the earthquake. The feeling of the nation must be quickened; the conscience of the nation must be roused; the propriety of the nation must be startled; the hypocrisy of the nation must be exposed; and its crimes against God and men must be proclaimed and denounced.

Frederic Douglass: An Ex — Slave Discuss Slavery

因为现在需要的不是光，而是火；不是和风细雨，而是雷电霹雳；我们需要暴雨，需要飓风，需要地震。我们必须触动这个国家的感情，唤起她的良知，震撼她的礼义之心，揭露她的罪行和伪善，公开谴责她违反上帝和人。

石幼珊译

上文段落运用了三个排比句，句与句的长短不同但环环相扣，内容层次上主次分明、层层递进，整个段落读下来节奏激昂，气势十足。

2. 结构方面

在结构方面，英语和汉语排比之间主要是在省略和替代的应用上存在着差异。例如：

If you are writing without zest, without gusto, without love, you are only half a writer.

你在创作时如果没有激情、没有热忱、没有爱心，那你只能算是个半拉子作家。

上面的英语句子运用了排比的修辞方法，由于大多数应用在英语中的排比都没有省略，所以改句子结构合理，句式完整，并没有省略的部分，不过事无绝对，少数情况下，英语排比也会省略一些词语，大多是构成排比句的几个反复出现的动词。例如：

Wine should be taken in small dose, knowledge by large.

酒要少量饮，知识要多学。

有时也省略名词，例如：

The first glass for thirst, the second for nourishment, the third for pleasure, and the fourth for madness.

一杯解渴，两杯营养，三杯尽头，四杯癫狂。

关于替代，英语排比的后项通常用人称代词来指代前项的名词，汉语排比则常常重复这一名词。来看下面例子：

Crafty men contemn studies, simple men admire them, and wise men use them.

狡猾之徒鄙视读书，浅陋之人羡慕读书，唯明智之士活读活用。

（三）英汉夸张修辞比较

夸张（hyperbole），是为了让表达效果更加鲜明突出，对事物的形象、特征、作用、程度等方面着意夸大或缩小的修辞方式。这种夸大和蓄意欺骗不同，尽管有言过其实的地方，但也只是为了突出说明对象的本质特征，给读者增添合理的想象空间，让食物的本质能更加清晰地体现出来。英语和汉语在夸张修辞的应用效果上十分相似，都是为了增强表达效果，放大或缩小了事物的形象特征。除了相似的地方，英汉夸张修辞之间也存在着以下两个方面的差异。

1. 分类存在差异

（1）英语夸张的分类

英语夸张修辞有性质和方法两个分类。从性质层面看，英语夸张可以分为将描述对象描绘得更加典型的扩大夸张和缩小夸张。从方法层面看，英语夸张可以分为不借助手段的普通夸张和同其他修辞方式一起联用的特殊夸张。

（2）汉语夸张的分类。

汉语夸张修辞有意义和构成两个分类。从意义层面看，扩大夸张、缩小夸张和超前夸张能够将说明对象的特征、作用等放大、缩小或是将出现时间提前。从构成层面看，汉语夸张可以分为不借助手段的单纯夸张和同其他修辞方式一起联用的融合夸张。

（四）英汉拟人修辞比较

英语中的 personification（拟人）是把人类性状或感情赋予动物，把生命及人类属性赋予无生命之物或抽象概念，或把人类的特点、特性加于外界事物上，使之人格化的修辞手法。

汉语拟人则是把物当人描写，赋予物以人的言行、声情笑貌，这种修辞手法又叫人格化。换言之，拟人是根据想象把无生命的东西当作有生命的东西来描写，把物当人描写，赋予各种"物"以人的言行或思想感情。

1. 英汉拟人修辞的相同点

英汉拟人修辞的相同点主要体现在以下几个方面。

第一，常与呼告修辞格混合使用。拟人与呼告修辞混合使用，能有效地将作者强烈的感情、赞美、同情、憎恨、痛斥尽情地展现出来，将会使读者与作者产生心灵共鸣。

第二，拟人的手法相同。用描写人的词语来描写物，使物人格化。拟人的修辞手法可以实现托物以抒情托物以寓意的目的。

2. 英汉拟人修辞的不同点

英汉拟人修辞的不同点主要体现在以下几个方面。

第一，汉语指称系统的词汇化拟人和英语动词系统的词汇化拟人。汉语指称系统是一个充满隐喻的符号世界，对于事物、现象、状态、行为的指称，中国人尤其注重指称的具象性，据此造出形象性的语词。英语动词系统中的综合性拟人表达法也比较丰富，英语语言中普遍存在词汇缺项现象，特指名词通常在数量上多于特指动词。但汉语特指动词缺项与英语也有所不同。

造成这种差异的原因一方面在于英语"结合法"的构词方法，此方法使 N→V 等转类成为可能，但汉语的许多词是兼类的，也就无所谓转化。英语动词的拟人表达在汉语中无法对应，汉语对应表达通常不用拟人。

第二，英汉词汇化拟人的不完全对应的现象。词汇化与语言特点和文化背景都有关联，英语中的拟人受到其地理、文化等的影响。英国属于岛国，因此在英语拟人就出现了很多关于航海的词汇化拟人，如：

a finger of land　陆地伸入海洋的狭长地带

a neck of the sea　海峡

中国多山，但是在汉语中则多对其进行平铺直叙。在西方，人们习惯于用 Father 来拟称河流，如：

Father Thames　泰晤士河

Father of Waters　密西西比河

中国自古以来以农业为主体，河流哺育了整个华夏民族，因此汉语中通常将长江、黄河等河流拟称为"母亲河"。这就是英汉语言与文化的不完全对应现象。

（五）英汉双关修辞比较

双关，是一个词语或句子兼有两种意思：一种是字面意思，一种是言外之意。这种一箭双雕的词句，字面意思是次要的，言外之意是主要的。根据各种英语词典对双关的定义可以推断，英语双关的范畴不仅包括借助一个显性铰链激活两层或多层不同意义的双关，而且包括借助两个或多个显性铰链传递两层或多层不同意义的双关。国内学者认为，汉语双关的范畴主要包括借助一个显性铰链激活两层不同意义的双关，但也有少数汉语双关是借助一个显性铰链激活多层不同意义或者借助两个显性铰链传递两层不同意义。

1. 英语双关

英语双关，就是种修辞手法，表面上说的是这件事，实际上是指另一件事。它可以是同音异义（homonym），如：

An ambassador is an honest man who lies abroad for the good of his country.

大使为了本国的利益在国外多么忠诚地说谎！

句中 lie 有两个意思，既可以理解为"住在"，又可以理解为"说谎"。

也可以是同音异形异义词（homophone），如：

On the first day of this week he became very weak.

这个星期他身体变得虚弱了。

On Sunday they pray for you and on Monday they prey on you.

星期日他们为你祈祷，星期一他们抢劫你。

还可以是同形异音异义词（homograph），如：

Finding tears on her coat, she burst into tears.

发觉外衣破了，她放声大哭起来。

2. 汉语双关

汉语双关语主要利用词语的多义或同音（或近音）条件构成，可分语义双关和谐音双关两类。

语义双关，是借用多义词来表达的，表面说的和所要表达的实际意思是两回事。例如：

雷雨中周繁漪说的一句："这些年喝这种苦药，我大概是喝够了。"

谐音双关，是利用同音（或近音）条件构成的双关。如：

另外汉语中还有许多用谐音表示的歇后语，如：

外甥打灯笼——照舅（旧）

孔夫子搬家——净是书（输）

可见，双关语表现形式多种多样，意义内涵丰富多彩。有些双关语是中西共享的，可以找到对应的表达。如：

Pale green does not suit you, especially green around the gills.

淡青色和你不相配，特别是脸色发青。

green around the gills 是一个习语，意为（吓得）脸色发青。此处 green 的双关意思正好可用汉语的双关语表达，且英语习语对应汉语的四字成语，堪称巧合。而对于英汉两种语言来说，这种对应的双关语表达毕竟是少数，更多情况下，双关语在目标语中找不到对应的表达，译者只能部分翻译出双关语所承载的玄妙意义，并不能完全地复制原文双关语的全部含义，或在译文中表现原文的双关语修辞形式。在这种情况下，如果一味地去强调"忠实"原则，那么翻译就无从谈起。因而译者应该将视线放在达意之上。这样一来，就打开了双关语翻译的思路。

在对待文学作品翻译上，译者可以通过增加注释来加以说明，在对待影视作品翻译上，加注显然失效，但是译者大可采用重写或改变的方法以保留双关语形成的幽默风格。

二、英汉修辞文化的翻译技巧

英汉修辞手法种类繁多，内涵丰富，效果奇特。鉴于篇幅有限，这里不再一一举例说明。但是细细观察上述详细列举的修辞手法的翻译，我们不难发现：修辞手法与文化相关，单纯的文本意义不足以达意，更不用说形似。这就引起了不少人的争议，认为修辞手法是不可译的，无论译者怎么努力都无济于事，"对等"的效果始终不能实现。但是，跳出字字对等的翻译原则，重新去审视"忠实"的含义，那么我们就能柳岸而花明。所谓忠实表达原文的意义，应指忠实表达原文的字面意义、形象意义和隐含意义三个方面。

但是，并不是原文的每句话、每个词语都同时具备三种意义，有的可能只有字面意义，没有形象意义；有的可能兼有字面和形象意义，但没有隐含意义。尤其是任何两种语言文化都不可能完全对等，要把原文中的三种意义全部再现于译文常常是不可能的。如果字面意义或形象意义与隐含意义在翻译时是由于文化的差异出现矛盾，字面意义或形象意义应当服从隐含意义。其次，原文的形象意义在目的语中可能会找不到对应，或者没有相同的形象或者形象相同，隐含意义（包括褒贬意义）却冲突，这时首先要考虑的是形象的隐含意义的准确表达，可更换另一个译文读者熟悉的形象，或者舍弃形象意义，只译出隐含意义。总之，隐含意义，也就是原文意欲表达的意义是最重要的。因此，在翻译修辞手法的时候，我们可以采用不同翻译技巧来进行翻译。

（一）英汉比喻的翻译技巧

1. 直译

直译就是直接翻译，把英语原文中的比喻词直接用一个相对的汉语词汇表达出来。英语中有许多表示比喻修辞的词汇能够直接被翻译出来。比如说英语中的 like, as if 等就对应着汉语中的"像"与"好像"等比喻词，become, turn into 也对应着汉语中的"变成""成了"等标志词。直译的翻译方法能够突出原文中的语言特点。例如：

A man can no more fly than a bird can speak.

人不能飞翔，就像鸟不会讲话一样。

Today is fair. Tomorrow may be overcast with clouds. My words are like the stars that never change.

今天天气晴朗，明天可能阴云密布。但我说的话却像天空的星辰，永远不变。

Now if death be of such a nature, I say that to die is gain, for eternity is then only a single night.

如果这就是死亡的本质，那么死亡真是一种得益，因为这样看来，永恒不过是一夜。

2. 意译

有时比喻也不能一味地进行直译，也要根据实际情况采用意译法进行翻译，以使译文更符合汉语的表达习惯。例如：

He is a weathercock.

他是个见风使舵的家伙。

3. 套译

有的英语比喻和汉语同义比喻在内容和形式上都相符合，双方不但有相同的意义和修辞色彩，并且有相同的或大体相同的形象比喻。在翻译时如果遇到这种情况，不妨直截了当地套用汉语同义比喻。如：

as slippery as aft eel 鳗鲡

因大部分英语国家没有泥鳅，人们把泥鳅看作一种鱼，不会认为它很滑，并理解为滑的转义："圆滑""不可靠""不老实"等，为了表达在喻义（意义）及感情上一致并且符合汉语习惯，一般译为"滑的像泥鳅"；Like a duck to water 译为"如鱼得水"，Two heads are better than one 译为"三个臭皮匠，顶个诸葛亮"，spend money like water 译为"挥金如土"。这种符合人们思维习惯，引起读者同样联想，同样情感的比喻来代替原比喻的方法，容易被读者所接受。

（二）英汉排比的翻译技巧

1. 直译

直译是翻译英语排比修辞句时最常见的一种方法，这样不仅可以让原文中的韵律美和节奏感展现出来，还能将原文中对于说明对象的强调效果也一齐表现出来。例如：

Voltaire waged the splendid kind of warfare... The war of thought against matter, the war of reason against prejudice, the war of the just against the unjust...

伏尔泰发动了一场辉煌的战争……这是思想对物质的战争，是理性对偏见的战争，是正义对不义的战争……

2. 意译

有些英语排比并不适宜采用直译法进行翻译，此时可以考虑采用意译法进行调整翻译，这样不仅可以准确传达原文的含义，还能增添译文的文采。例如：

They're rich; they're famous; they're surrounded by the world's most beautiful women. They are the world's top fashion designers and trendsetters.

他们名利双收，身边簇拥着世界上最美丽的女人。他们是世界顶级时装设计师，时尚的定义者。

3. 增译

英语排比句中往往会出现重复的词汇，故而在英语原文中会合理地将它们省略。但汉语排比句与此相反，重复用词更能增强强调的与其。所以我们在用汉语翻译英文时不能忽视英语原文中被省略的词汇，要将它们都翻译出来，让译文更加通顺，更符合汉语的表述。例如：

Who can say of a particular sea that it is old? Ditilled by the sun, kneaded by the moon, it is renewed in a year, in a day, or in an hour. The sea changed, the

— 45 —

fields changed, the rivers, the villages, and the people changed, yet Egden remained.

谁能指出一片海泽来,说它古远长久?日光把它蒸腾,月华把它荡漾,它的情形一年一样,一天一样,一时一刻一样。沧海改易,桑田变迁,江河湖泽、村落人物,全有消长,但是爱敦荒原,却一直没有变化。

(三) 英汉夸张的翻译技巧

1. 直译

英语与汉语中的夸张修辞的使用有诸多相似之处,直译法最能保证原文的表达效果。例如:

"At'em, all hands all hands!" He roared, in a voice of thunder.

他用雷鸣般的声音吼道:"抓住他们!给我上!都给我上!"

Yes, young men, Italy owes to you an undertaking which has merited the applause of the universe.

是的,年轻人,意大利由于有了你们,得以成就这项令人称颂的伟业。

We must work to live, and they give us such mean wages that we die.

我们不得不做工来养活自己,可是他们只给我们那么少的工钱,我们简直活不下去。

(四) 英汉拟人的翻译技巧

英语和汉语使用拟人的修辞手法时一般采用直译和意译这两种方法。
直译法能保留拟人的生动性。如:

All day the sea-waves sobbed with sorrow.

海浪整天在悲伤呜咽。

A thought struck him, like a silver dagger.

象把银色的匕首,一个念头在他的脑海里清晰地闪过。

但是汉语和英语作为两种不同的语言必然有着各自民族的文化习俗的痕迹,所以直译不能成为拟人句的唯翻译模式,有时得采用意译法,也就是说要按中国人的语言表达习惯,用人作主语,把原来的主语译为谓语动词或译成状语,如时间状语、地点状语、原因状语或方式状语。有时主语还可译成定语,原来的谓语动词有时可以避而不译或把意思灵活地融在句子中,如:

Sickness kept him in the room.

他因病被关在屋子里。

All my courage deserted me.

我完全失去了勇气。

从上述例子我们可以看出，在句子中英语拟人修辞总是通过适用于人的名词、代词、形容词、动词来体现的。其目的在于深刻地描写事物，充分地抒发感情，给读者以鲜明生动的印象，使其对当时的情景、情绪想象得真切并引起共鸣。同时我们也看出，拟人句的翻译应灵活掌握，有时需在不改原意的基础上按照汉语的习惯来表达，否则会给读者或听众以不适之感。

(五) 英汉双关的翻译技巧

就英语双关的翻译而言。首先，彻底地领悟原文对翻译极其重要。对双关双层含义的准确把握是翻译的前提。其次，英语双关的翻译应当在译语读者能够理解和接受的前提下尽量保持原文的修辞手段。在达意和修辞不能两全时，当以达意优先，然后用其他手段进行补偿，并通过自然的译语表达出来。双关语言精练含蓄，表情达意丰富深刻，经常意在言外，有时会出现"只可意会，不可言传"的情况。作为译者，当然不能满足于意会，他有责任挑选最恰当的方法，使原文双关的音、形、义的修辞效果尽可能全面而准确地传达到译文中去。现试将英语双关的几种翻译方法举例说明如下：

1. 直译

如果原文的双关语能完全对应或基本对应译文的双关语，采用直译，是最理想的翻译方法，也是译者最乐于接受的一种情况。然而，这并非说明，直译是双关翻译方法中最简单的一种。它可能最轻松，也可能给译者带来最大的困扰，因为他们必须审词度句，找到一个汉语中的铰链与英语中的 hinge 基本对应，否则称不上是直译，而这一过程有时轻松，有时又异常复杂（从下文两个例子可以看出）。英汉两种语言的特点毕竟"差以千里"，所以能用直译法进行翻译的英语双关少之又少。

2. 弥补

既然不可能进行直译，那么只能译出英语双关的基本含义。使用弥补法，英语双关将会有一定的损失，而译者则尽量从汉语的表达方法上进行弥补，尽量使读者能一窥原文的妙处。弥补法也应该算是比较理想的一种译法。它能比较忠实地反映双关的含义，又能部分地传达英语的语言特点。

3. 分译

分译法意味着将英语双关语的本意（表面义）和寓意（隐含义）分别译出，再通过适当的方法将其组织起来。这种译法抹杀了双关的修辞特点。分译法并非适用于每一个双关语，因为有些双关无须或根本不可能将两层含义紧密连接起来，勉强连在一起只会让读者感到突兀，或莫名其妙，那才是真正地使双关的美感和趣味丧失殆尽。

第二节　英汉语用文化比较与翻译技巧

一、英汉语用文化比较

(一) 英汉语用比较概述

1. 语用学概述

语用学，顾名思义，是指对语言交际中人们如何使用语言达成交际的研究学科。由于语用学研究范围较为宽泛，因此对其下一个准确严格的定义较为困难。语用学一词，译自英语中的 pragmatics，其词源为希腊词根 pragmao。语用学通过结合不同的社会、文化生活，研究不同的语言在交际实践中的语用逻辑，从而提高人们使用语言的科学度与应用度。

2. 语用对比概述

语用对比在英汉语用文化的比较和翻译中是较为重要的。不同的语言文化在不同的情境下有着不同的使用方式。我们对这些不同之处所做的研究和分析实际上就是语用对比。我国的中华文化源远流长，博大精深，和西方国家的文化相比，更注重言谈交际之间的谦虚和礼貌。而以英语为母语的西方国家更注重交谈是否得体。不能否认的是，虽然双方文化存在差异，但这些交际准则优势也是通用的，不过它们在各自文化中占据的地位和重要程度显然大不相同。所以，语用对比是十分重要，不可或缺的。

英语和汉语的使用者们身处不同地域，受到各自的地域文化和社会背景的影响，故而在语言表达方式和内涵意义上存在着较大的差异。我们对英语和汉语进行语用文化对比，能够加强人们对于语言的认知程度和使用能力。并且，随着经济全球化的发展，国与国之间的交流越来越密切，人们对于翻译的需求也变得越来越迫切。

用汉语翻译英语并不是一帆风顺的，翻译时我们会遇到诸多问题和矛盾。如果我们从语用文化的层面去关注翻译研究，就能够大大减少这些问题和矛盾。语用文化能够很清晰阐明人利用语言想要表达的内容，并且在人与人的交际环境中找出双方传达的语言意义，所以将翻译和语用学结合在一起是研究语言文化、理解语言文化、更得心应手地的实用语言的必要方法。

英语和汉语在句式结构、语法意义等方面存在着较大差异，二者之间的语用文化对比主要是对语言的表现形式和表达功能方面的对比。下面的内容主要是对英汉语用功能的比较。

(二) 英汉语用功能比较

1. 语用语调对比

英语和汉语的语用语调存在着较大差异。一个简单的英语单词用汉语来解释就可能是一个较长的句子。在我们使用语言进行交际的时候，语用语调对语用含义的影响不容忽视。语用含义受到影响，那么自然而言的，语言交际效果也就会受到影响。语言使用者在进行交际时，使用语言过程中的语气、停顿、节奏等不同都会让语言的含义大相径庭，交际双方都可以通过对方语言的语调和语境的分析来揣摩发话人使用语言的交际目的。我们可以先从语调功能这个角度来对英语和汉语进行研究。

(1) 英语的语调功能

英语语言中的语调、重音、停顿是影响语言含义的重要因素。在这三者之中，英语语调的使用是英语交际的重点。英语语调是通过相应的规律的语音系统来进行的，一般能表现出交际者的个人情感。交际者在使用英语交际时，往往需要把控好自己的语调，也就是要利用好语调组。语调的高低、节奏、长短离不开语调组中的调核这一部分。

当在实际的交际情境中使用英语时，交际者的交际目的也会影响他们对语用语调的选择。下列内容是从英语语调的各个方面来对语调功能进行分析。

①声调

英语声调主要有五种，分别是降调、升调、降升调、升降调和平调。人们应用英语时目的不同，声调便不同。譬如表示疑问就会使用升调，叙述表达就会使用平调等等，故而语调不同，英语的语用含义也就不同。

②重音

重音也是英语语调表达的重要方式，其通过强调不同的词汇或加强语气来改变具体的句子语用功能。例如：

John kissed Mary.

就是约翰吻了玛丽。

John kissed Mary.

约翰是吻了玛丽。

John kissed Mary.

约翰吻的那个人是玛丽。

除了声调，重音也是促使语句的含义发生变化的一个因素。人们通过重音来表示对词汇的强调，表达着不同的语用功能。例如：

He came here this morning.

He did come here this morning.

对比上述两个例句，第二个例句通过增加 did 一词对 came 的动作进行了强调除了上述提及的两种重音强调形式，在英语中也可以通过改变句法

结构来进行强调。例如：

Peter can speak Chinese.

It is Peter who can speak Chinese.

It is Chinese that Peter can speak.

上述三个例句就是通过对不同词汇的强调表示出了截然不同的含义。

③停顿

除了声调和重音，停顿也是让英语表达意义发生变化的重要原因。但停顿往往不会因为句子内容，大都是从句子的结构和表达意义出发，在进行交际时偶尔暂时停顿，使句子的表达意义符合交际者心中的想法。

（2）汉语的语调功能

汉语的语调对于语言的应用也是用着不容忽视的作用。一句中文可能会因为表达者运用了不同的音调、重音和停顿而变换成表达了另一种含义的一句话，所以汉语的语调功能对语用功能的影响十分显著。

①声调

汉语中的声调主要有升调、降调、平调和曲折调四种。声调不同，说话人的语气也就不同，故而语言表达的含义也会有所差异。

②重音

汉语中的重音和英语有所不同。汉语中的重音能够分为语法重音和逻辑重音两种。语法重音是指说话人在使用语言过程中根据语法结构利用重音对中间的某个词汇进行强调，从而使整句话的意义发生改变。逻辑重音则是说话人将自己的一段话中的前后语言和任务进行对比的读音方式。两种重音相对来说，逻辑重音更能让交际双方理解语言表述的含义。

2. 词汇语用对比

词汇语用顾名思义就是与词汇有关的语用功能。我们可以通过改变相应的词汇来改变整句话的意义。交际双方可以通过利用词汇语用功能，了解交际语言更深层次的含义，进而能让交际更加顺利地进行。下面的内容就是对英语和汉语二者中的词汇语用进行的分析和研究。

(1) 词汇运用变化差异

在英语中，不同词汇表达的意义也就不同，所以英语可以通过变换词汇来让语用含义变得不同。汉语则不能如此，助词、语气词等形式多样的词汇都可以用来表达语用功能。

(2) 词汇运用原则差异

虽然英语和汉语的词汇量同样巨大，但是收到民族风俗、地域文化乃至社会制度的影响，二者的词汇系统有着巨大的差别。所以在选择和应用词汇时，也会有着较大的差异。西方人的传统思维使得他们的表达过程非常直观，往往是将自身的想法直观、毫不掩饰地表达出来。而中国人被孔孟思想所滋养，对于交际过程的礼貌十分重视，在不同的环节有着不同的交际礼仪。

3. 语法语用对比

(1) 不同句法形式带有相同的语用功能

当我们身处实际的交际情境中，为了更好地表达自己的想法，可能会使用不同的语言策略。所以尽管句法形式不一，语用功能却无甚差别，都是表达了交际者相同的意思。

(2) 相同句法形式带有不同的语用功能

无论是使用英语进行交际还是使用汉语进行交际，不同的交际环境也会促使交际双方对交际内容的理解发生偏差。所以语用学主张我们在理解交际内容时，要考虑到语言环境的因素，故而即便是使用相同的句法形式也可能会造成语用功能不同的结果。

(三) 英汉语用语言比较

在英语和汉语两种语言中，语用形式都非常多样。但一般来说，这些语言形式并不能够相互代替、相互置换。在英语和汉语中有着同样语义的一个短语或词汇虽然词义是相同的，但是语境不同也会让这个语义、结构都非常相似的短语或是句子在两种语言中的解释大不相同。简单来说，就是同样一种意义的短语或句子在英语中的表述结果和在汉语中的表述结果不一定相同。语用语言学就是研究这种语言形式和语用功能之间的关系的一门学说。

(四) 英汉礼貌用语比较

西方国家和中国的社会环境不同，交际用语也有着较大的差异。所以英语和汉语的礼貌用语必然是存在不同的。下面举了几个例子来对英汉交际用语进行一个简单地对比和分析。

1. 问候。问候（greeting）是人与人交往中最为常用的招呼语。无论交际双方的关系是否密切，得体、礼貌的问候都是拉近双方距离的有效手段。文化背景和社会生活的差异也会体现在不同的问候语上。

2. 称呼。称呼（addressing）是交际双方都不能绕开的重要部分。一般来说，我们进行交际，首先就是要用对对方的称呼来打开局面。所以，一个准确、恰当的称呼是交际能否顺利开始的重要条件，如果在称呼上就出现了错误，那么交际双方就很难在继续进行对话，交际目的自然也就不能达到。

3. 致谢。俗话说"良言一句三冬暖"，一句诚挚的感谢能够迅速拉近交际双方的距离。不过在表示感谢这方面，英语和汉语之间存在着一些差异。英语中表示感谢的短语 thank you 是西方人挂在嘴边的礼貌用语。不管是人际关系如何，交际目的如何，这个短语都能被拿出来使用。但汉语中的"谢谢"的意义就更为重大，并不能被随便使用。

4. 答谢。一般而言，对方致谢之后，英语国家的人士通常会用这样的语句来回答：

You're welcome.

不用谢。

Not at all.

别客气。

二、英汉语用文化的翻译技巧

（一）直译

我们进行语用翻译时，要重点关注交际者的交际目的，把握语言和交际者的关系，仔细分析原文内涵，运用翻译策略将原文更准确地翻译出来。但实际上的翻译过程也会影响到我们对翻译策略的选择，所以为了更好地把握翻译的细节，我们应该找到语言转换之间的平衡点。从而让译入语读者尽管阅读的是翻译之后的文字，仍能体会到源语读者的心情和感受。

尽管中西方的社会环境和文化环境之间都有着巨大的差异，但语言毕竟反映了整个客观世界。所以即使人们受到的地域文化和社会文化的影响不同，面对同一种客观事物的感受也不一定完全不同。所以直译就为这种情况提供了便利。

除此之外，直译还能在保证译文准确、合理的前提下，保留原文的句式特点、修辞方法以及民族或是地域特点，让译文表达出和原文相似的思想情感，使译入语读者产生和源语读者相似的阅读感受。要想采用直译的方法得到更贴切的译文，翻译者应该对原文作者，原文中的各个对象之间的关系，译入语读者的习惯有着充分的了解。准备充分才能让交际的成功率更高。特别是要注意一些即使处于不同的认知环境仍旧表达相同意思的词语或句子的翻译。例如：

pie in the sky　天上的馅饼

pie in the sky 的说法源自美国作曲家乔·希尔在 1911 年所创作的《传教士与奴隶》这首著名歌曲。将它翻译成汉语时，虽然汉语读者不一定了解这首歌曲，但是这种语言表达和汉语中的表示天降横财的"天上掉馅饼"的意义十分相似。所以读者很容易就能理解这个词汇指的是人们不切实际的幻想或是前路渺茫的希望。

又如：

He was shanghaied to Africa before 1949.

1949 年前他被拐骗到非洲。

这一例句中的词语 shanghai 放到中文中就是"上海"，也就是一个地名。这同一个十九世纪的古老故事有关，当时人们把开往中国，也就是上海的船看作是一场有去无回的旅途，没有人愿意前去。所以船长和他的亲信为了能顺利出发，将人绑架到了船上，所以这些人只能不情不愿地参与行船。故而 shanghai 一词代表着一个人被迫去往另一个不愿意去的地方，有拐骗、挟持之意。

英语和汉语中能够直译的习语不仅意义相同，在用法、句法上也存在着相似之处。大自然的规律以及人们对客观世界的感受和体会使得这些习语都能被人们轻松理解，所以直译无疑是翻译这些习语的最好方法。例如：

New-born calves make little of tigers.

初生牛犊不怕虎。

除了习语之外，一些严肃文学的比喻也能够被直接翻译出来，只要是译入语读者和源语读者双方的认知环境相似，直译的方法就能被广泛适用，从而让源语独特的地域文化特色和民族文化特色保留下来。

（二）意译

但社会环境和地域环境对人的影响力是十分巨大的，所以不同民族的在认知方式上存在的差异更多。每个民族都有着自己民族特有的思维方式，这就使得不同民族的人们在使用语言表达相似含义的时候会采取不同的表达方式。因此，翻译者需要先分析出英语在西方民族特定语境下所表达的内涵和意义，然后再用符合中华民族人民思维方式的语言表达方式翻译出来。这种翻译方法在语用学角度被称为语用翻译，简单来说，就是意译。不同民族文化之间存在的差异性让意译这种翻译方法被广泛使用，这样就让一些不能用译入语解释的源语表达可以更准确、更顺畅的被翻译出来。

(三) 对译

英语和汉语中存在许多内涵意义相同但表达方式迥异的语句，翻译者在对这些相同语进行翻译时，对译是最为有效的方法。在不改变原文内涵意义的前提下，用译语相对应的表达形式进行翻译。例如：

to have the ball at one's feet　胸有成竹

上面例句的原意是指足球已经被运动员控制在脚下，我们可以从这句话中引申出成功的机会很大、胜利就在眼前的含义。放在中文中，可以用"胸有成竹"一词来表达这种含义，所以这句话就可以被译为胸有成竹。再如：

to shed crocodile tears　猫哭老鼠
to laugh off one's head　笑掉大牙
to spend money like water　挥金如土
a drop in the ocean　沧海一粟
wait for gains without pains　守株待兔

翻译者在采用对译的方法时更要严谨准确，不能天马行空，要尽量避免因为文化迥异而产生的翻译错误，毕竟英语和汉语之间存在着许多表面含义相同，实际意义大相径庭的语句。例如：

Talk of the devil and he will appear.

说曹操，曹操就到。

在英语中，单词 devil 带有有贬义色彩，而在汉语中"曹操"一词并无贬义，如果按照上面这样对译，就不能很好地传递源语的文化内涵。

(四) 移译

移译也是英汉语用翻译中常用的一种翻译技巧，移译一般就是以移入的方式来完成翻译，即将源语中所用到的一些表达形式移入目的语中，有可能在某些部分上保留了一些原本的用法形式，这种翻译往往带着一些源语的文化外壳，使人们能够很容易地感受到语言所带来的时代性。这种翻译形式在生活中十分常见。

由这种翻译所表现出来的特性可以看出，移译更多地展现出一种文化上的传输，这种文化传输有一定的优势也兼具很大的时代色彩，但仍旧不能称之为真正的翻译，只是一种将外来词借用过来形成的一种语言表达。一般而言，在运用这种翻译技巧的过程中，会需要将所做的翻译进行更高程度的浓缩与提炼，因此，这种翻译常见于实际的交际中，即将源语中的表达形式放弃掉，而只保留一定的外在的文化表征，体现了语用的重要性。例如：

I'd like to have Jiaozi.

我喜欢吃饺子。

I practices Chinese Kongfu every day.

我每天练习中国功夫。

显而易见，世界大范围内交流的加深使得国际间的联系愈发密切。无论是何种国家和何种民族都同处于一个环境之中，其共同认知的形成也越来越明显，一些国际通用语言也随着时代的发展产生并得到认可，而移译恰好就能在这种形势之下发挥更好的作用并获得极大地应用。

（五）语用过程翻译

对于语言本身而言，其不是静止的，它的应用分为多个阶段。翻译就存在于其中一个阶段之中，事实上，翻译相当于是一种转换活动，就好比将一种代码转换成另一种代码方便多种语言间的解读并促成交流。翻译中译者的作用十分关键，因为不仅需要他理解原文的意思，还要将意思正确的加以转述形成最合适的表达。而在语用过程中所形成的翻译活动，对于语言的转换十分重视，即较为看重翻译的整个过程，其认为译者如果在翻译中不能完整地对翻译内容形成理解，就不能更准确地进行表达。也就是说，结果要受过程的影响。实际上，译者在翻译过程中需要对翻译的内容进行一些创造以及加工，翻译而来的语言需要能够表达作者的整个思维逻辑，而且又能让人们更容易理解，这便是语用翻译的关键所在。

（六）语用语境翻译

语用语境翻译要求译者在语言学的不同层次，词汇、语法和语义中找到最近的、最自然的对等语完成翻译，以达到等效目的。翻译时要注意语境，找到最好的联系，若想要从最大的程度上实现语用等效，那么译者需要运用多个语用学策略来灵活应对。翻译的本质是译者寻求原文和译文的认知语境之间最佳关联的过程。译者应充分发挥自己的主观能动性，尽可能使原文作者的目的和意图与目标读者的期望相匹配。笔者在语用学翻译语境理论的指导下讨论在汉英翻译中应怎样结合语境选择译文中所选择使用的词汇。

结合上面的内容可以看出，如何做好英汉的语用翻译，最关键的是要在翻译前就了解好翻译源语与目的语的相关信息，当然，文化信息最为重要，因为语用翻译并非只是简单的语言传输，还包含一定的文化性。因此，在实际翻译过程中，为了保证翻译能够更加地道，更加体现源语语言中蕴含的文化性以及作者的本身意图，采取一些有效的语用策略是十分符合常理的。

第四章　英汉民俗文化比较与翻译技巧

民俗文化在中西方文化差异中占据着重要的地位。民俗文化涉及的内容有很多，例如英汉饮食文化、英汉服饰文化、英汉节日文化、英汉称谓文化等。了解中西方民俗文化上的差异，对英汉语言的学习有很大的帮助。本章主要从上述民俗文化入手，对英汉民族文化之间的差异进行了系统比较，并提出了相应的翻译技巧。

第一节　英汉饮食文化比较与翻译技巧

一、英汉饮食文化比较

(一) 饮食对象比较

1. 西方的饮食对象
西方的饮食种类主要取决于其自然地理环境。因为西方所具备的自然生长条件并不适合种植农作物，所以其农业并不发达。同时，因为西方人比较擅长捕鱼与养殖，所以其饮食对象与中国有明显的差异。而且因为一些血统的原因，西方更喜欢食用荤食，更有甚者，他们还会从动物身上提取物质制作成药品。大多数情况下，西方人对自己的饮食文化是十分自豪的，因为他们认为自己国家的食品行业十分发达，并且快餐极大地节省了他们的时间。但还有一点就是虽然他们十分热爱荤食，但对于动物的内脏等却避之不及。

2. 中国的饮食对象
(1) 主食类
对于中国而言，农业有悠久的历史，因此中国在主食方面的选择一直就十分丰富，常见的就是五谷。除了这些，人们还会将一些薯类作物当作主食来食用。在中国，南北方在主食的选择上是有明显的不同的，众所周知，南方气候适合水稻生长，日常食用米饭最多。北方气候适合种植小麦，主食就以馒头等面食为主。

（2）肉食类

中国的肉食同样与农业生产有关，即人们常说的六畜。在古代，人们并没有很好的生活条件可以经常吃到肉食，但随着人们生活水平的提高，肉食逐渐成为人们常见的事物，也不再只是逢年过节才能享用。

（3）辅食类

辅食是辅助类的食物，常用来弥补人们在摄取主食后进行的身体所需物质的补充。常见的是用来补充维生素等元素，其中，蔬菜的维生素含量最高。所以说，以往中国人食用的辅食是多的，但肉食是少的。与西方相比，中国人摄入蔬菜的种类明显十分繁多。

（二）饮食观念比较

1. 西方饮食观念

西方国家对吃是非常重视的，但是在饮食的观念上与美味上与中国还相差甚远。对于西方人来说，饮食是生存的必要手段，也可以说是一种交际手段。因此，即便食物比较单调，为了生存，他们也会吃下去。

另外，为了更健康地活下去，西方人对于吃的营养非常关心，讲究搭配的营养度，注重食物是否能够被自己吸收。这体现了西方人理性的饮食观念。

2. 中国饮食观念

中国讲究"民以食为天"，因此对于吃是非常看重的，将吃饭作为比天还重要的事情。这在人们生活的方方面面都有所体现。例如，人们见面打招呼都会说"吃了吗？"

中国人注重吃，也非常喜欢吃，因此无论是什么场合，都能找到吃的理由，即婴儿出生要吃饭，过生日要吃饭，升学、毕业要吃饭，结婚也要吃饭等，一个人出了远门要吃饭，叫饯行，一个人归家也要吃饭，叫接风。

中国人对吃十分讲究，不但要分场合，还对是否好吃有很高的追求。这就无形之中培养了中国人的烹调技术，中国的烹调方法可谓应有尽有，而且每一种食物的做法都十分讲究，在搭配上也有别样的心思。由此可见，中国的饮食观念也处处渗透着感性。

(三) 饮食餐具比较

1. 西方饮食餐具

关于西方的饮食餐具，其种类也十分多样。餐具基本上是金属质地，多用刀叉，盛放食物也讲究用不同的器皿，餐具的选用十分考究。西方人习惯左刀右叉，而且在餐具的摆放上也有一定的规矩，正常的操作应当是按照餐具摆放的顺序进行，一般是由外向内。

因西方人喜爱食荤，所以常用刀叉来切肉食，但是很长一段时间内这种行为被看作是不文明的。但实际上这些都是有迹可循的，众所周知，西方人常以游牧为生，身上佩刀是很常见的，为了方便人们也用刀来切实肉食。时间一长，刀就作为一种餐具在人们生活中被广泛使用。这种习惯慢慢在人们生活方式的形成中成为日常，在某种程度上也彰显着一定的西方文化特质。很显然，刀叉在西方人的生活中已经不仅仅是一种工具，也是一种饮食餐具。

2. 中国饮食餐具

与西方不同的是，刀叉在中国的饭桌上并不常见，因为中国人吃饭用筷子居多，餐具种类也有诸如盘、汤匙等多种类型。而关于筷子的历史，最早可以追溯于先秦时期，在那之前人们吃饭都是手抓，因后来食用烤制食物才开始以竹条来夹取食物避免烫手。这种用竹条或者树枝所做的夹取食物的工具，就是最早期的筷子。

二、英汉饮食文化翻译技巧

(一) 西方饮食文化翻译技巧

1. 菜肴文化翻译技巧

西方人的菜肴文化主要表现在他们在进行烹饪时最为关注食用的东西是否营养均衡，因此如何搭配达到这一标准是他们最关心的事情。而对于菜肴的种类来说，其所拥有的菜品并不丰富，名字也十分字面化。西方食物的命名一般就是通过其原材料或者生产地。

而在文化交流中，对于西方食物如何翻译，人们也存在一定的分歧，一部分人认为意译最为合适，即将西方食物以中国的汉语思维进行翻译。例如：

sandwich　肉夹馍

spaghetti　盖浇面

可另外一部分人并不赞同这种意译的方法，在他们看来，这种方式掩盖了食物本身的味道与材料，并不能完全表示该种食物的本来面目，所以这种翻译

并不地道。所以在本书看来,要想做到既能符合中国人的思维模式,又能保证翻译的地道,最好是采用意译加直译的方式。例如:

potato salad　土豆沙拉

grilled chicken　香煎鸡扒

shrimp toast　鲜虾吐司

2. 西方酒名翻译技巧

(1) 直译法

部分西式酒名采用直译的手法可达到较好的翻译效果。例如:

Queen Anne　安尼皇后

Captain Morgan　摩根船长

(2) 音译法

所谓音译,顾名思义,就是通过发音来进行翻译。一般来说,这种翻译方法在翻译酒名时最为常见,当然,这种翻译方法一般用于没有特殊商标名的情况下。例如:

Bronx　白朗克司

vodka　伏特加

(3) 意译法

这也是西式酒名翻译中较为常见的一种手法。例如:

Great Wall jade　碧玉长城

grasshopper　绿色蚱蜢

总体上讲,不论是采用音译法、直译法还是意译法来翻译酒名,译名必须体现西方民族的文化特色,同时也要符合西方民族的审美观念和文化价值,这是酒名翻译的基本原则。

(二) 中国饮食文化翻译技巧

1. 直译

直译就是翻译较为直白,一般按照字面意思直接选取对等的词语来进行翻译,从读者的角度来看,十分便于理解。例如:

板鸭　flat duck

脆皮鱼　crisp fish

2. 拼音加注

拼音加注就是在翻译中加入汉语拼音来辅助翻译,这样便于表达中国菜肴的风格并让人想象菜品的味道。例如:

南京板鸭　Steamed Nanjing duck cutlets

北京烤鸭　Beijing roast duck

3. 转译

在中国，人们翻译菜名也追求一定的美感，因此要求翻译要有音美，最常见的手段就是利用谐音。谐音一般体现出该菜肴的原料，有时候也表现在词组之中。一般情况下，译者在进行翻译时会先了解谐音所要表现的对象，在此基础上进行转译。例如：

凤凰玉米羹　corn and egg porridge

这道菜中的"凤凰"是单独指意，"凤"是鸡的意思，"凰"与"鸡黄"的"黄"谐音，因此该词不能直译为 phoenix。

龙虎凤大烩　thick soup of snake, cat and chicken

很显然，以上描述的这道菜就是很典型的利用谐音所进行的翻译，它是由原材料的形状所做的转译。

第二节　英汉服饰文化比较与翻译技巧

一、英汉服饰文化比较

（一）英汉服饰观念的比较

在服饰观念方面，西方与中国有明显的不同，英汉服饰观念最大的差异就表现在对美的崇尚不同。对于西方而言，他们因为深受历史与环境因素的影响，所以认为服饰的产生就应当为人体服务，所以人们穿着是否舒适、是否能够通过服饰展现人体美是他们最为关注的。在他们的观念中，服饰应当展现男子的刚劲和女子的柔美。

中国是礼仪之邦，传统礼教影响巨大。因此，中国人认为服饰就是一块用来遮蔽身体的"精神的布"，服饰的作用在于体现礼仪观念以及区分穿着者的权力和地位。近年来，随着改革开放的推进，人们的穿着观念有所变化，但这种传统的礼仪服饰观念仍然根深蒂固。

（二）英汉服饰材料的比较

1. 西方的服饰材料

亚麻布是西方服饰的主要材料，其主要有以下三个方面的原因。

首先,是地理环境因素,很显然,西方国家所处的地理位置,很适合亚麻的生长,所以他们选取亚麻来作为最主要的服饰材料是十分正常的。

其次,是服饰材料的获取,相比于其他材料而言,亚麻更易得,并且因其结实的特性十分适合用于生产劳作。

最后,是亚麻布的价值体现,西方的劳动观念是凭借劳动才能有所收获,亚麻布的生产与利用恰好体现这种价值观。

2. 中国的服饰材料

与西方相比,中国能够获得的服饰材料显然要丰富得多,常见的除了麻之外还有丝和棉。其中,丝在中国的服饰材料中最为特别,而且一些特殊例如纱、绸等都是在丝的基础上得到的,因此,丝的工艺十分发达,这都是中国人民智慧的体现。

丝绸材质十分优质,因此在多种类型的服饰中都可以适用,而且丝绸极具美感,穿在身上可以给人一种飘逸灵动的感觉,十分动人。

(三) 英汉服饰款式的比较

1. 西方的服饰款式

西方的服饰款式十分贴合西方人的身材特征。因为西方人大多身材比较魁梧,面部轮廓明显,所以他们在设计服饰时会更加重视横向上的表现,一般会通过一些夸张的造型来辅助线条的扩张。

另外,西方人个性很强,注重自我,性格也相当热情外放,因此,他们在着装上也更加注重凸显自己,夸张的服装款式就比较常见。最明显的就是牛仔裤,将我行我素的性格特点展现得淋漓尽致,而且牛仔裤的适用性很广,没有年龄限制,更可以体现西方追求平等的观念。

2. 中国的服饰款式

中国人的身材并没有西方人那么强壮,身高也并不占据优势。这就使得服饰的设计还要考虑用来弥补一定的身材上的缺陷。中国的服饰款式设计更加注重视觉上的拉长效果,即利用比例让人的身材显得修长好看。最常见的是利用线条、过长的袖子来进行视觉上的修饰。这种服饰在古代十分普遍,例如魏晋男子宽大的袍衫或者清朝时期肥大的下摆,都体现出这种设计特点,与此同时,还彰显出一种雍容华贵。

从面部线条来看,中国人的面部轮廓更加柔和,不具备攻击性,因此,"平顺"是在设计服装时比较注重的一点。

（四）英汉服装造型的比较

1. 西方服装的造型

从结构上着手，人们常常把中式服装喻为平面上的绘画，而把西式服装视为立体的雕塑，这种说法是由一定道理的。中国传统服装注重平面效果，不关注其侧面的设计。而西方的服装追求衣服的三维表达，注重衣服同人体结构和运动的贴合，即在追求实用性的同时还强调其合体性，也正是因为这个原因，使得其在世界范围内畅销。

从服饰局部的结构来看，西方服装也具有鲜明的、属于自己的特色。首先是袒领和轮状褶领在服饰中的广泛应用。轮状褶领在很多西方的服饰中都有应用，在很多情况下还可以用细金属作为支撑。

在外形方面，西方比较古典风格的服装在整体上比较注重横向的感觉，在设计服装的时候常常采用横向设计的方式，而且像上文中所言，西方的服装比较注重肩部的设计，在肩部设计的时候尤其注重横向的感觉，通常会使用一些衬垫的形式，使得服装向横向扩张的感觉更强。西方国家之所以会采取这种服饰的设计方式与西方人的体型有着很大的关系。而且西方人一般比较热情奔放，这种设计比较符合西方人的性格和体型的特点。

从服饰设计的角度来说，过于平铺直叙的设计方式不太有服饰的美感，因为这种设计在视觉上给人的感觉比较单调。但是与此相反，有层次的、虚实搭配的服饰设计风格比较富有服饰的美感。西方的服饰在纹饰上主要以菱花纹、石榴纹为主，而且复制在整体的感觉上比较艳丽，色彩上也比较饱满，图案上比较注重对称，而且图案一般是一些比较写实的图案。

配饰的话，性别上的区分比较明显。男士一般使用帽子和手杖，女士的话则很多使用珍珠钻石等配饰。

2. 中国服装的造型

中国的传统文化注重"天人合一"，讲究自然与人之间的和谐相处，所以和谐一直是中国传统文化中精髓。这种精神在服饰设计中也体现较为明显，中国传统的服饰造型趋于平稳，比较规矩。同时在一些款式和图案上比较含蓄，注重设计的隐喻性，不是将一些东直接表现出来，注重抒情性。中国传统的服装造型主要有以下几个特点。

在服装的剪裁上，多数是使用直线剪裁的方式，一般没有起肩和袖口部分，所以衣服的整体结构比较简单舒展，并不复杂，衣服可以直接平铺。在局部的结构上，中国传统服饰的对开 V 领、直立领、斜交领、衣服下摆两侧开衩等具有浓郁的东方特色。这些服饰局部经常被设计师拿来增加服饰的中国趣味。

在服装的外形的整体感官上,中国的服装一般呈现纵向的特点。整个的服饰一般从衣领处开始下垂,整个服装一般呈现筒形的结构特点,这种服饰的设计方法可以使得穿上这种衣服的人显得体型较为修长。这种服装的设计方式对周边国家的服装谁家产生了深远的影响,很多亚洲国家的服装都是这种特点。在中国的历史上,虽然清朝的男性服装比较宽大,但是女子的服装也是修长的,而且旗人妇女一般要穿花盆底鞋,使得妇女的身形显得比较高挑。这种服装设计改善了东方人身材较为矮小的特点,给人一种比较修长的感觉,弥补了身材比例上的不足。这种服装设计风格和中国人较为平滑的面部五官轮廓相适应。

在服饰的图案上,中国古代的服装一般使用一些代表士大夫精神理想的图案作为服饰的图案,像是花中四君子等等,这些图案经常在士大夫的服饰上可以看得到。很多吉祥图案、谐音图案是直到明代以后才出现的,并且后来得到了广泛的认可和使用。中国的传统服装装饰物主要是玉,在中国的传统文化中,玉可以辟邪,可以为人带来好运,还有一种饰物——中国结,也是中国服饰经常使用的配饰。

二、英汉服饰文化翻译技巧

英语和汉语中的服饰文化差异较大,在翻译的时候一定要注意。不同的服饰词语采取不同的翻译技巧。

(一) 西方服饰文化翻译技巧

1. 把握文化空缺词

英汉物质文化的不同导致在词汇表达上的差异,文化空缺词就是其最突出的表现。所谓文化空缺词,即某一民族特有的词汇,可能是在历史长河中逐渐形成的,也可能是该民族独创的。对于这类词的翻译,不是要求按照字面意思来翻译,而是要求将其在原文中的效果传达出来,译出其在原文中的文化内涵。例如,对于帽子,西方就有很多表达。

bowler　常礼帽

stetson　牛仔帽

中国读者对于"礼帽"可能还算熟悉,但是其他的帽子就不熟悉了。再如:

have a green bonnet/wear a green bonnet

对于这个短语,很多人都翻译为"戴绿帽子",显然是错误的,其含义为

"破产"，这就要求在翻译时不能直接按照字面意思翻译，而应该弄清楚其负载的文化内涵。

2. 把握英美习语内涵

在英美习语中，有很多与服饰相关的习语，在翻译时应该追本溯源，将习语的内涵挖掘出来。例如：

at the drop of a hat

这个短语的意思并不是"帽子掉地上"，而是用来指代一触即发的人、火暴脾气的人。这个习语源自以前的战斗，裁判员将突然举着的帽子扔到地上作为可以开枪的信号。

3. 明确服饰特殊指向

在日常生活中，人们往往对那些与普通人着装不同的特殊人群予以注意，即人们会将注意力集中于那些特色鲜明的服饰上，长此以往，人们就使用一些具有代表性的服装来修饰穿这类衣服的人。例如：

boiled shirt   拘泥刻板的人
white collar   白领阶层

（二）中国服饰文化翻译技巧

1. 直译法

直译法是在翻译服饰的时候经常会使用的翻译方法。使用这种方法有一定的条件，只有两种语言中的意思相近或者是对应的时候就可采用这种翻译方法。例如：

原来是一个十七八岁极标致的小姑娘，梳着溜油光的头穿着大红袄儿，白绫裙子。（曹雪芹《红楼梦》）

A slip of girl of seventeen or eighteen, pretty as a picture, with hair as glossy as oil, wearing a red tunic and a white silk skirt.（杨宪益、戴乃迭译）

译者将"梳着溜油光的头穿着大红袄儿，白绫裙子"翻译成 with hair as glossy as oil, wearing a red tunic and a white silk skirt，这种翻译方法就是直译法。这种翻译方法有许多好处们首先便是保留了原来文章中的韵味，然后国外的读者读起来也比较容易理解。

2. 意译法

很多时候，两种语言中的服饰词并不是一一对应的，所以这时候可以选择意译法进行翻译。使用意译法并不需要死译，只需要将原文中词语的意蕴传递出来即可。这种方法也是在翻译的时候经常使用的方法。例如：

那男孩的母亲已有三十开外，穿件半旧的黑纱旗袍，满面劳碌困倦，加上

天生的倒挂眉毛，愈觉愁苦可怜。　　　　　　　　（钱钟书《围城》）

The toddler's mother, already in her thirties, was wearing an old black chiffon Chinese dress; a face marked by toil and weariness, her slanting downward eyebrows made her look even more miserable. 　　　　　　（珍妮·凯利、茅国权译）

译者将"旗袍"翻译成 Chinese dress，这种翻译的方法就是意译，这种翻译方法可以使得目的语国家的读者更加容易理解。

第三节　英汉节日文化比较与翻译技巧

一、英汉节日文化比较

（一）节日起源比较

1. 西方节日以宗教为主

与中国节日的起源相比，西方节日虽然或多或少也跟节气有关，但是由于西方国家具有浓厚的宗教性，因此西方节日的形成主要与宗教有着密切的关系。例如，一月的主显节，二月的情人节（也称"圣瓦伦丁节"）、封斋节，四月的复活节，五月的耶稣升天节、圣灵降临节，八月的圣母升天节，九月的圣母圣诞节，十一月的万圣节、万灵节，十二月的圣诞节等，这些节日都与一些宗教传说有关。

当然，西方也有很多宗教活动本身就源于世俗生活。最典型的就是感恩节，其原本其实是移民者用来庆祝丰收的，只是后来由于某些政治因素被定义为感恩上帝的节日，这就使其不自觉地变成具有宗教色彩的日子。

2. 中国节日以时令为主

中国古代，时令在人们的日常生活中十分重要并且与很多节日都息息相关。古代书籍中有很多关于时令的记载。而到了战国，就已经出现了二十四节气，并对中国的传统节日产生了十分显著的影响。宋代藏书中所记载的很多节日都与时令有关，至于时令为何如此重要，当然是由于中国历史悠久的农业文明。

此外，中国传统节日具有极强的世俗性及泛神性。中国早期的社会结构建立在以自然崇拜与人文精神相结合的习惯势力的基础之上，有异于西方古代的神本主义及近代的人本主义，其基本的哲学理念与理想的希望值是主张神灵与人二者之间相互的协调与平衡，如七夕节观星，人在宇宙中，企盼天上人间共美好；中秋节观天赏月，天上人间共享团圆；重阳登高望远，天高地厚，秋高气爽，天人和谐。中国传统的神灵，大多为人们进行世俗利益诉求时的自然崇拜神灵，而不是一种求得心灵净化、精神升华、灵魂归宿和终极人文关怀的精神偶像。

（二）节日活动比较

1. 西方节日活动注重交际

西方人在庆祝节日时会制作一些美食，如感恩节的南瓜饼（pumpkin pie）、圣诞节的火鸡（turkey）等。但其美食的种类与中国相比还是少很多的，而且食物本身及其名称也没有特别的含义，如南瓜是北美地区一种极为常见的植物，美国人吃火鸡也只是因为当时北美是火鸡栖息地。当然也有例外的情况，如在复活节，由于兔子和彩蛋是复活节最典型的象征，所以在复活节时，美国所有的糖果店都会出售用巧克力制成的复活节小兔子和彩蛋。

与中国节日活动相比，西方的节日活动更注重交往和欢乐。例如，英国北部、苏格兰等地的人们在庆祝复活节时会参加玩滚彩蛋比赛。人们将煮好的彩色鸡蛋做上记号，并将其从斜坡上滚下，谁的蛋先破就被别人吃掉，谁就认输。彩蛋完好无损就胜利，并象征着有好运。在节日活动中，重要的是人们收获了快乐，而不是比赛的胜负。

2. 中国节日活动注重饮食

中国人庆祝节日通常以饮食为中心，多以家庭为单位开展，中国自古就有"每逢佳节倍思亲"之说，因此在逢年过节之时有回家团圆的传统。在中国的春节、元宵节和中秋节等传统的节日中，为了表达人们期盼家人团圆之意，人们所吃的食物多是圆形的，如春节的汤圆、元宵节的元宵、中秋的月饼。逢年过节，特别是春节，人们即便是在千里之外，也要回家与家人团聚。一般情况下，春节拜年多在家族中进行。即使是一些集体娱乐性的节日，如元宵节、端午节，人们也习惯同家人一起参加，很少独自前往，明显具有中国传统以"家"为中心的群体组织文化特色。

中国传统节日中的饮食往往具有丰富的寓意和内涵。人们想通过饮食传达一种祝福、祈愿以及对自然和对天地万物的感激。例如，冬至时，人们有吃馄饨的习俗，因为该时节正是阴阳交替、阳气发生之时，暗喻祖先开混沌而创天地之意，表达对祖先的缅怀与感激之情。

二、英汉节日文化翻译技巧

（一）西方节日文化翻译技巧

1. 直译法

为了更好地传播中西方文化，让异国读者也能感受本民族的特色，可以采用直译法，例如：

April Fools' Day　愚人节
Mother's Day　母亲节
Thanksgiving Day　感恩节

2. 意译法

有时，直译也无法忠实地再现本族的民俗文化时，就可以考虑采用意译法，例如：

New Year's Day　元旦
Valentine's Day　情人节
Halloween　万圣节
Christmas Day　圣诞节

（二）中国节日文化翻译技巧

由于中国的节日具有独特的渊源和特点，所以在翻译中国节日时不能采用千篇一律的方法，更不能随意翻译，通常而言可以采用以下几种方法。

1. 直译法

直译法最明显的特点就是可以对原文的表达意思进行最完整的转述，而且还能得到读者的理解。人们常见的节日翻译，例如春节，就是采用这种直译的方法，这种翻译法既符合翻译应当遵循的原则，又不会使得翻译的内容太过死板，同时方便读者理解原文表达的意思。因此，中国节日翻译大多采用这种方法。

2. 音译注释法

不同民族在历史背景、社会习俗、地理环境、宗教文化、意识形态等方面所存在的差异造就了部分特色词语的独特性，这在无形中增加了翻译难度。尤其是大量的中国民俗节日词语，带有浓重的中国历史、文化特点。在翻译这些文化符号的过程中，我们很难在译入语中找到合适的对应词语来表述。此时有必要采取一定的翻译技巧，减小其理解难度。

以交际翻译理论为指导，若要使译语读者与原语读者获得相似感受，在翻译过程中应将其中所蕴含的中国特有文化尽可能完整地传达给他们。因此翻译这类特色词语时，可以采用音译注释法。这里以"汤圆"为例。首先需要将"汤圆"音译为Tangyuan，音译是为了把原语中的概念意义与文化语境完整地传递到译语，达到意义和文化的传达。但是纯音译并不能清楚地表达原词意义，还需要在音译的基础上进一步加注释，即用保留原词的语音或部分语音，兼顾意义的办法来翻译，而不是一味地按照汉语的字面意思和语序结构，进行生硬的套译或模糊的意译。因此汤圆可以采用音译注释法，将其形状及内在寓意以"注"的方式表达出来，从而使译语读者充分了解和体会其中的文化蕴涵及中国的民俗味，最终可以将"汤圆"翻译为：Tangyuan。

可见，音译注释法主要适用于民俗节日文化词语在译语中无对应词的情况，主要包括人名、地名以及具有特色的饮食、服饰等方面。当音译注释法不足以清楚表述其文化意象时，我们需要使用其他的翻译技巧加以转化，"阐释翻译法"就是其中之一。

3. 阐释翻译策略

语言既是文化的载体，又是文化的集中体现，而翻译就是沟通两种文化的桥梁。交际翻译理论所追求的是使译文读者在阅读译文时得到与原文读者尽可能相似的感受。要做到"感受相似"，在翻译过程中就必须使译语读者充分了解所涉及的原语文化。但由于中国文化的独特性，在译语中往往很难找对应词进行描述。对于节日习俗词语中的文化意蕴，译语读者自然也就很难体会到。因此，有必要对民俗节日文化负载词进行阐释说明，使译语读者加深理解，减少疑惑。

以桃符为例，桃符即为今天"春联"的前身。在翻译过程中，如果忽略其发展历史，直接按照现在的民俗形式和语义含义将其译为"spring festival couplets"，译语读者所接受到的信息就只是如今的"春联"。而且，这样还有可能使译语读者感到困惑，难以区分"桃符"与"春联"。其中所蕴含的浓浓的中国历史文化自然会大打折扣。因此，译者就有必要追根溯源，将祖辈留存的节日风俗原貌展现给译语读者，使其了解桃树在中国历史文化中的特殊寓意。自古以来，桃树在中国文化中有着深刻的寓意，被认为是"仙木"。因此人们认为桃木有压邪驱鬼的作用。古人在辞旧迎新之际，在桃木板上分别画上"神荼""郁垒"二神的图像，悬挂于门首，意在祈福灭祸。后来为了方便，人们就直接在桃木板上写上"神荼""郁垒"二神的名字。最早的桃符由此而来，在日后发展过程中，由于后人往往把春联贴在桃符上，于是桃符慢慢演变成如今的春联。

从交际翻译理论的视角出发，选择适用的翻译方法就显得尤为重要，而阐释翻译法是一种比较适用的技巧。从某种程度上说，解释性翻译就是把原文中读者所不知道的知识，尽量不在注释中说明而直接融入译文中，"化隐为显"。在上面提及的"桃符"的翻译中，译语读者所不熟知的信息一方面是桃符虽系春联的前身，但是二者并不等同。因此"couplet"就不适合用于对桃符的翻译。另一方面就是桃符在中国的文化中的隐含义是其驱邪的功用，而译语读者却不了解桃符的此民俗意蕴。因此可采用阐释翻译法将"桃符"译为"peach wood charms against evil, which are hung on the door"。可见，采用阐释翻译法能够加深译语读者对译文和源语文化的民俗习惯的了解和认识，引起其对中国民俗文化的兴趣，从而达到中国民俗节日文化外传，让中国民俗更好地走向世界，更好地传承发扬中国民俗文化的目的。

第四节 英汉称谓文化比较与翻译技巧

一、英汉称谓文化比较

（一）英汉亲属称谓词比较

对于亲属称谓而言，在英汉两种不同的语言中，同一个亲属称谓概念有不同的使用范围。也就是说，语言环境对于亲属称谓的适用还是有极大的影响的，缺乏合适的语言环境，亲属称谓往往就比较难以理解和翻译。

在汉语的表达中，每个亲属称谓我们都是区分的特别清楚，如哥哥和弟弟由于年龄的差异是不同的，姐姐和妹妹也是不同的，然而在英语的表达中，brother这个单词的含义很广泛，它不仅指的是哥哥，也只弟弟，同样地，sister这个单词的含义也是既可以指姐姐，也可以指妹妹，没有明显的区别。因而译者在翻译时，如果结合特定的语境，译者是很难准确翻译这些亲属称谓的。在英语中，"cousin"这个词的意思也是非常丰富的，如果将它进行翻译，可得到的称谓种类很多，其中常见的"表哥、堂哥、表妹"等。

在英语中，亲属称谓往往比较简单和模糊，它属于类分式系统，而在汉语中，亲属称谓都比较具体，它属于叙述式系统。

在英语的表达中，其亲属称谓是属于类分式系统。这就是说，在西方文化中，亲属称谓一般都是按照家庭成员中的辈分来进行划分的，在英语中，一共存在五种最基本的血缘形式，这五种形式分别为：（1）兄弟姐妹；（2）父母；

(3) 祖父母；(4) 子女；(5) 孙儿孙女。其中，在上述每一个等级中，除了包含各个等级中的亲属，还包含该等级亲属的各种从表兄弟姐妹之类。

由此可见，在英语的亲属称谓中，只有上述五个等级中的兄弟姐妹、父母、祖父母、子女、孙儿孙女这几个亲属名称在英语中是有具体的称谓，其他的各类亲属则没有明确的、具体的称谓。例如，在英语中，在父母这个等级中，父亲和母亲是有专门对应的亲属称谓，即父亲为 father，而母亲为 mother，而父母的兄弟以及表兄弟、堂兄弟等都没有具体的称谓，统一用单词"uncle"表示，因而在英语中，"uncle"的意思非常丰富，既可以指叔叔、大伯等，也可以指舅舅、姑父等。

在我国汉族文化中，常常被采用的是叙述式亲属称谓制度。处于这一制度下的亲属称谓包括两个方面的内容：其一，血亲及其配偶系统；其二，姻亲及其配偶系统。血亲是以血缘为基础而产生的亲属关系；姻亲是以婚姻关系为中介而发展起来的亲属关系。正是由于血亲和姻亲之分，我国汉族的亲属称谓非常多。

(二) 英汉社会称谓词比较

1. 普通称谓比较

普通称谓一般是指在社会范围内人们在进行日常交往中使用率比较高的一些称呼。而在英语与汉语中，普通称谓也有一定的区别，下面对这两者间的不同进行一定的区分。

(1) 英语普通称谓

从英语的角度而言，其普通称谓的种类很多，一般可分为以下几类。

第一，Mr.，一般会紧跟姓氏或姓名使用，用于男士，在不了解对方具体职称时可用，使用双方的关系一般不会太亲密，所用语气表现较为正式。

第二，Mrs.，与第一种成为相对，使用方法一致，只适用于已婚女子，后多跟其丈夫的姓氏。

第三，Miss.，用于未婚女性，语气正式，用此称谓时双方关系并不亲密。

第四，Ms.，含敬意，属于合成而来的称谓，源于 Mrs. 和 Miss. 两个词。因西方介意谈论婚姻状况，所以用该称谓就可以避免称谓中的尴尬问题。

第五，Lady，也同样用于女性，用这种称谓一般可以显示出对方的气质，是一种较为文雅的称呼。

第六，Sir，用于男性，语气较为正是，可直接使用，不需要加上姓氏，使用时对方关系不必亲密。

第七，Madam，同上一种相对，表尊敬，用法与 Sir 一致，是女士称谓。

由此可见，西方国家对于交往中的礼仪还是十分看重的。普通称谓一般只用于不明确对方的头衔时，用以来表现一种交谈中的尊敬。同样地，这种情况也会在汉语中出现，一般知道别人的职业时就不会单独地称对方为"女士"或者"先生"，而会在其姓氏之后追加职业，例如，"王医生""赵老师"，这都是为了显示尊敬。

（2）汉语普通称谓

从汉语的角度来看，其普通称谓的变化与时间有关，在不同的社会发展阶段都会产生一些细微的变化。下面就列举典型的几种。

第一，师傅、同志。使用方式没有严格的讲究，一种是单独使用，一种是可以与姓名或者职务连用。而且适用范围很广泛，不必考虑年龄或者性别方面的问题。

第二，先生、女士、小姐。这种称谓的得来源于社会的进步，随着他们的出现逐渐代替了上一种称谓，因为这种称谓更加适应日渐发展的社会的需要，体现出一定的国际性，在国际交流中的使用十分常见，其用法简单但又显示出一定的尊敬，给人一种温和谦逊的感觉。但在现代社会中，因为一些特殊原因，人们已经很少使用"小姐"这一称谓，但是其余两种称谓仍旧在生活中十分常见，显示出一种语言上的得体与礼貌，带给人一种美好的交流体验。

第三，阿姨，该称谓语是对母辈女性的称谓，用来形容女性。

第四，大爷、伯伯、大叔、大妈等。这类称谓语是从亲属称谓语中转换来的，是一种泛亲属称谓，主要用来表示一种亲切的语气，以拉近人与人之间的关系。

2. 英汉头衔称谓比较

英汉语中都有将头衔作为职业、职务和职称等称谓的现象。

英语中的头衔称谓适用范围有限，仅限于教授、医生、博士，以及一些皇室、政界、军事界、宗教界，目的是表达对这些人的尊敬。这些称谓不仅可以单独使用，还可以与姓氏连在一起使用。例如，Doctor Davis、Professor White、President bush、Father bright 等。

而显然，汉语的头衔称谓似乎更为复杂，并且与英语也存在一定的区别。一般情况下，在汉语的语言习惯中，关乎职业的都可以与姓名连在一起使用，这种称谓方式的使用体现出对交流对象的极大尊重。

3. 敬称与谦称比较

无论是英语还是汉语，对于敬称与谦称都有自己的表达形式，这种形式的称谓很显然就是为了在交谈中显示对对方的敬意。而敬称与谦称在英汉的语言表达中还是存在着些许差异，以下对英汉语言中敬称与谦称的区别进行一些简单的分析。

(1) 英语中的敬称与谦称

由于西方人在交际过程中很少使用谦称,因而这里仅对英语中的敬称用语进行具体分析。在英语中,用于表示敬称的表达主要包括如下几种。

①对王公贵族的敬称,包括如下四种。

其一,对国王的敬称。例如,Your Majesty。

其二,对王后的敬称。例如,Madam。

其三,对王子、公主的敬称。例如,Your Highness。

其四,对公爵、侯爵、伯爵、子爵、男爵等贵族或高级官员的敬称。例如,the lords。

②对男子的敬称,主要包括三种。

其一,一般敬称为 Mister/Mr. +姓。例如,Mr. Stinson。

其二,对陌生男子、上级、长辈或担任某一职务的人的敬称为:sir+姓名/职务。例如,Sir Smith。

其三,敬称"……爵士"为:sir+姓名/名字。例如,Sir John White(此处的 sir 不能放在姓氏之前)。

③对女子的敬称,主要包括以下三种。

其一,对已婚女士的敬称为:Mrs. +姓。例如,Mrs. Pope。

其二,对已婚和未婚女士的敬称为:Lady+姓。例如,Lady White。

其三,对未婚女士的敬称为:Miss+姓。例如,Miss Fox。

④以职务表敬称,这类敬称包括如下五种。

其一,对医生、大夫的敬称通常为"Doctor+姓名"。例如:

Doctor Tim   蒂姆大夫

其二,对教授的敬称通常表示为"Professor+姓名"。例如:

Professor John   约翰教授

其三,对地方官员、总督的敬称通常表示为"Governor+姓名"。例如,"安德鲁总督"可用 Governor Andrew 来表示。

其四,对男性神职人员的敬称通常表示为"Father+姓"。例如,"爱德华神父"可用 Father Edward 进行表示。

其五,对女性神职人员敬称通常表示为"Sister+教名"。例如,"莉莉修女"可用 Sister Lily 进行表示。

(2) 汉语中的敬称与谦称

汉语中敬称与谦称的形成有很大程度上是受到儒学思想的影响,这种影响使得中国人形成了礼让的交际习惯。因此,在实际的人际交流中,这种称谓是以用来表现一种对交流对象的敬爱之情,这在中国十分常见,也符合中国特有的文化心理与文化特征。

①敬称。在汉语中经常使用的敬称如下。

其一,对方父亲敬称的表达。例如,令尊、令翁,尊公。

其二,对方母亲敬称的表达。例如,令堂、令慈、尊上等。

其三,对方兄、弟、姐、妹、敬称的表达。例如,令兄、令姐、令第等。

其四,对方妻子敬称的表达。例如,夫人、太太、令妻等。

其五,对方子女敬称的表达。例如,令子、令爱等。

其六,对方同辈或晚辈的堂、表兄妹敬称的表达。例如,贤兄、贤弟等。

其七,对方孙子、孙女敬称的表达。例如,令孙、令孙女等。

其八,长辈对晚辈敬称的表达。例如,贤弟。

除了上述几种敬称表述外,汉语中还可以使用职位表示敬称。具体如下所述。

其一,对皇帝敬称的表述。例如,天子人主、人君君王。

其二,对宰相敬称的表述。例如,丞相、中堂。

其三,对将帅敬称的表述。例如,大将军、主帅。

其四,用"姓+被称呼者的职位"来表示敬称。例如,王校长张处长、李省长赵主任。

其五,用"姓+被称呼者的职业"来表示敬称。例如,钱大夫、孙教授。

②谦称。汉语中常见的谦称表达如下所述。

家父:对自己父亲的谦称。

家母:对自己母亲的谦称。

贱内、内人、爱人:对自己妻子的谦称。

犬子、不肖子、小儿、小女:对自己子女的谦称。

寒舍、舍下:对自己住所的谦称。

愚见、鄙见:对自己见解的谦称。

二、英汉称谓文化翻译技巧

(一)直译

对英汉父母辈称谓可以直接进行翻译。例如:

She knows his uncle through this experience.

她从这次经历中了解他的叔叔。

(二) 语用等效法

在英汉称谓翻译过程中，有很多称谓语既不能在形式上找到翻译对等语，又找不到合适的语义等值语（有时即便找得到，与原文的意思亦很难吻合），唯一的办法就是吃透上下文，弄清楚交际双方的关系、身份、语气、语境以及可能的语用含义，才能使译文自然、通畅。例如：

(1) "What's your name, boy?" he policeman asked…

(2) "You needn't look for it." said Della. "It's sold. I tell you—sold and gone, too. It's Christmas Eve, boy…"

(3) "I will, so help me!" Danny cried with abrupt conviction. "I'll beat you to death in the ring, my boy…"

以上四例中均采用 boy 一词作为称谓语。但在（1）中，boy 出自警察之口，因而带有一种上对下的威严口气，因此可译成"伙计"；（2）中的 boy 是在说话人告诉听话人一些未知的事情之后对听话人的称谓，明显带有一种安慰和无奈的语气，可译成"乖孩子/亲爱的"；（3）中由于使用了"cried""beat""death"等词使说话人和听话人处在气氛激烈的语境中，因此，这里的 my boy 明显带有一种讥讽和蔑视的口气，可译成"小子"。

(三) 语义增减翻译

由于英汉称谓系统中有许多称谓语没有完全的对等成分，不能对号入座，特别是英汉亲属称谓语，汉语的比较清晰、细致，而英语的较笼统、含糊，在互译过程中，应根据上下文做一些补充或删减，以符合不同语言的习惯，这是很有必要的。例如：

My grandfather is his cousin, so he's kith and kin to me somehow, if you can make that out, I can't.

我的祖父跟他是堂兄弟或表兄弟，因此他和我有亲戚关系，也许你能够把这个关系弄清楚，我可弄不清。

上述例子中英语 cousin 比较含糊，但鉴于 grandfather 这一语境，所以增译成"堂兄弟或表兄弟"。

第五章 英汉社会文化比较与翻译技巧

社会文化是英汉文化的重要组成部分，了解英语与汉语在社会文化方面的差异，有利于促进英汉文化的学习、理解和掌握。英汉社会文化包括英汉婚丧文化、英汉典故文化、英汉居住文化、英汉习语文化等。本章主要对这些英汉文化进行了系统分析，并提出了多种翻译技巧。

第一节 英汉婚丧文化比较与翻译技巧

一、英汉婚丧文化比较

（一）婚姻文化比较

1. 婚姻观念的比较
（1）西方人的婚姻观
西方人的婚姻观与中国有明显的不同，在他们的文化视角下，婚姻并不是一件要上升至道德层面的事情，它属于个人私事并不应受到其他人的干涉。所以在西方，人们选择结婚对象只需要自己同意即可，他可以凭借自己的意愿选择自己的结婚对象，和自己最喜欢的人在一起。同时当他的婚姻出现问题时，他也可以自行决定结束这段婚姻。他们的选择只是取决于他们自己，他人无权干涉。这也就表现出西方人很典型的婚姻观，他们认为相爱就在一起，不爱就分开，一定要强求没有爱的人在一起那十分残忍。

西方婚姻观的形成与其一直崇尚以人为本的思想有关，他们更加追求自由，也更能捍卫自己的权利。他们追求自我，尊崇上帝，认为每个人都是上帝的孩子，应当具有平等的地位，都应当平等地被爱与获取爱。因此在他们的观念中，这世上的所有事物存在的意义就是能对个人起到作用，是要为个人的成长与发展服务的，他们始终坚持对个人自由与权利的追求。

(2) 中国人的婚姻观

对于中国人而言，婚姻的重要性就不言而喻了，在中国人的观念里，婚姻是人一生中尤为关键的一件事情，因此人们对婚姻一直持有一种十分谨慎的态度，认为婚姻大事不可儿戏，做出了结婚的打算，就不会因为一些因素结束婚姻关系。所以，在中国社会，婚姻关系还是相对稳定的。而且一直以来，在中国人的观念里，婚姻更多的是涉及道德层面的问题，如果因为夫妻一方出现喜新厌旧的情况而导致婚姻破裂，就会受到道德上的谴责。

除了以上原因之外，中国人还十分注重家庭，因此家庭成员之中关系是否融洽也至关重要，这是属于伦理与道德层面的问题。

2. 婚礼细节的比较

(1) 媒人与牧师

在古代，中国人很崇尚"父母之命，媒妁之言"，由此可见，媒人在中国婚嫁中还是占据一席之地的。传统社会中的媒人，主要的任务就是帮助适龄男女撮合婚事。除了这个之外，媒人还能为男女双方解决纠纷。等到了封建社会，媒人的作用就更加重要，而且是被法律所承认的，其意见的表达所代表的就是双方家长。那时，只有媒人作保的婚姻才是真正符合社会要求的婚姻，否则是要接受舆论的谴责的。

而在西方，婚礼中起关键作用的人物叫作牧师。在牧师的见证下，新郎新娘要一起宣誓对自己的婚姻忠诚并且会携手一生，牧师既是婚礼的主持人也担当着见证者的角色。男女双方成为合法夫妻需要在回复牧师的提问之后，这样他们的婚姻关系才得以合法化，牧师的参与虽然不能保证每一段婚姻都能走到最后，但在那个时刻却为婚礼增添了神圣感，这是一种仪式，也是一种幸福的见证。因此，牧师在西方婚礼中的作用还是不容忽视的。

(2) "早生贵子"与撒米粒

于中国而言，"早生贵子"这种说法已经存在于传统社会中许多年，这是一种婚俗习惯，是对新人的美好祝愿，而这种祝愿也体现在"铺床"这一活动中。所谓"铺床"，就是指新人的婚床需要有一些婚姻美满的人或者年长的人来整理，并在床上撒一些坚果，例如，红枣、花生、莲子之类，这些物品大多都有美好的寓意，象征着幸福美满，这就是"早生贵子"的由来，还是为了求得婚姻美满和谐，多子多福。

与中国相似，西方婚礼中会有抛撒米粒的习惯，一般就是撒一些谷物类的物品，因为在西方来说，米粒象征着收成，同样也是在祝愿新人能够在财产方面和家庭方面取得更加好的收获，祈求家庭兴旺，和谐美满。

(二) 丧葬文化比较

在中国，丧葬用品的种类还是比较多的，包括衣服、帽子、鞋等。颜色多采用深色系，一般情况下蓝、紫居多。为表示逝去的人有所承继，所以寿衣采用的是系带的方式而不需要用扣子来系。中国丧葬文化也同样受传统文化观念的影响，让给逝去的人着棉衣并且要在棉衣上印上有良好寓意的字眼，为的就是让后代可以有福寿的传承，兴旺发达。而随着时代的进步，如今的寿衣款式也不再只是简单的一种，而是有了多种选择，甚至还会有中西式的区分。除此之外，葬礼中另一个不可忽视的就是纸制品。

与中国相比，西方的葬礼有着明显的不同，它主要受宗教因素的影响，一般会为逝者举行悼念仪式，而且仪式的氛围十分庄重严肃，经过仪式之后逝去的人会被埋进公墓或者教堂，自此长眠于地下。而对于丧葬物品而言，西方多用一些带有宗教色彩的物品，例如蜡烛或者十字架等。

二、英汉婚丧文化翻译技巧

(一) 婚姻文化的翻译技巧

1. 西方婚姻文化翻译

从英汉的婚姻文化来看，两者都有一些可以相互对应的文化词，因此对于有着相似文化内涵的词语就可以采用直译的方法进行翻译，这样不但简便，也利于理解。例如：

priest　牧师

wedding march　婚礼进行曲

2. 中国婚姻文化翻译

（1）直译加解释法

虽然直译的方法十分简便，但并不是所有的文化词都适合采用这种方式，对于一些字面意思相同但却蕴含深意的词语就需要加入更多的解释来辅助翻译。例如：

五更鼓出来拜堂，听见说有婆婆就惹了一肚气。出来使性掼气磕了几个头，也没有茶，也没有鞋。拜毕就往房里去了。丫头一会出来要雨水煨茶与太太磕；一会出来叫那炭烧着了进去与太太添着烧速香；一会出来到厨下叫厨子蒸点心、做汤，拿进房来与太太吃。　　　　（吴敬梓《儒林外史》）

At the fifth watch, when it was time for the bride to pay her respects to her husband's ancestors, she was furious to learn that she had a mother-in-law. She kowtowed sullenly a few times, without offering tea or shoes, then went straight back to her room. Her maids kept coming out to demand rain water for their mistress's tea and charcoal for her incense, or to ask the cook to make dumplings or soup for her.

Without offering tea or shoes: It was the custom for a bride to present tea-leaves and shoes which she had made herself to her father and mother-in-law as her first Riff to them. （杨宪益、戴乃迭译）

在以上的翻译中，例句中对于"也没有茶，也没有鞋"是这样直译的"without offering tea or shoes"，很显然，这种直接翻译的方式并不适用于此种情况下，因为不但不利于读者对文章的内容进行理解，还会无法准确描述文章所表现的具体氛围。因此，要解决这一问题，可以采取这种加解释的翻译，来扩张翻译的内容，帮助人们更好地理解翻译，比如：It was the custom for a bride to present tea-leaves and shoes which she had made herself to her father and mother-in-law as her first riff to them. 如此一来，译文显然比刚开始的翻译更加贴合原文要表达的思想，而读者在阅读时也能够很好地进行整体思路的把握，一方面将婚姻文化中的习俗表现出来，另一方面通过地道的翻译实现了一种跨文化的交流。

（2）意译法

在英汉婚姻文化翻译过程中，如果遇到了双方文化中语义有不同表达的情况，只是采用直译的翻译方法就远远不够了，这时候，就要学会运用意译的方法，帮助译文的翻译变得更加生动形象。例如：

回来又听见凤姐与王夫人道："虽然有服，外头不用鼓乐，咱们南边规矩要拜堂的，冷清清使不得。我传了家内学过音乐管过戏子的那些女人来吹打，热闹些。"王夫人点头说："使得。" （曹雪芹《红楼梦》）

Then he heard Xifeng say to Lady Wang, "Although we're in mourning and won't have musicians outside, according to us southerners' rule they must bow to each other and utter silence won't do. So I've ordered our troupe of house musicians to play some tunes and liven things up a little."

"Very well," said Lady Wang, nodding. （杨宪益、戴乃迭译）

正如以上例子中所提到的"拜堂"一词，对于中国人来说十分容易理解，因为在中国传统的婚姻中十分常见，但对于一些以英语为母语的读者来说，因为并不了解中国的婚姻文化，就无法理解"拜堂"的含义，所以直译的方法是行不通的，必须采取意译的方法，翻译成他们能够理解的文化含义，才能使其对文章的内容有所理解。

(二) 丧葬文化的翻译技巧

1. 西方丧葬文化翻译

西方文化中一些丧葬习俗文化词，直接进行翻译就能使受众明白，因而通常采用直译法。例如：

cloth   布
funeral   葬礼
holy water   圣水

2. 中国丧葬文化翻译

(1) 意译法

对于一些很难直接翻译的中国丧葬文化的相关内容，可以采用意译法进行翻译。例如：

话说秦钟既死，宝玉痛哭不已，李贵等好容易劝解半日方住，归时犹是凄恻哀痛。贾母帮了几十两银子，外又另备奠仪，宝玉去吊纸。七日后，便送殡掩埋了，别无述记。　　　　　　　　　　　（曹雪芹《红楼梦》）

Baoyu wept over Qin Zhong's death as if he would never stop; and it was some time before Li Gui and the rest could prevail on him to leave off. Even after his return he could not overcome his grief. The Lady Dowager gave the Qin family several dozen taels of silver in addition to funeral gifts; Baoyu went to offer his condolences and, seven days later, the funeral and burial took place. No need to record it in detail.

（杨宪益、戴乃迭译）

翻译上述例句中的"凄恻哀痛""奠仪""吊纸""送殡掩埋"时，译者并没有采用直译进行翻译，而是从符合英语表达习惯的角度，采用了意译进行翻译，分别将其译为"could not overcome his grief""funeral gifts""offer his condolences""the funeral and burial"，这样的译文表达在传递信息的同时容易让英语读者理解并接受，从而便于不同国家与民族间的交流与沟通。

(2) 意译加注译

但是单纯地意译对于翻译一些丧葬文化还是不够用，这时就需要在意译的基础上加上一些注释，即对译文再加深解释，才能帮助人们对深层的文化含义进行理解。例如：

刚走到二门上，见林之孝带了人抬进棺材来了，他只得也跟进去帮着盛殓，假意哭嚎了几声。　　　　　　　　　　　　（曹雪芹《红楼梦》）

She had just reached the inner gate when LinZhixiao led in men carrying the coffin, obliging her to return to help lay out the orpse and make a pretence of wailing.

（杨宪益、戴乃迭译）

第二节　英汉典故文化比较与翻译技巧

一、英汉典故文化比较

(一) 英汉典故结构比较

1. 英语典故的结构

英语语言中所出现的典故大多结构自由，组成也比较灵活，句式的长短上也没有严格的要求，可以很长也可以极简短，有一个词为一个典故的，也有一句话是一个典故的。

例如：

hair by hair you will pull out the horse's tail　矢志不移，定能成功

the last supper　最后的晚餐

除了上述这种情况之外，英语中出现的典故也可以作为一个独立的句子而存在，这种形式莎士比亚在其作品中常用。

2. 汉语典故的结构

同英语典故相反，汉语中出现的典故显然更加注重结构和用词上的讲究，一般主要集中表现为两种形式。

第一种是四字结构，人们生活中最常见的就是四字成语了，例如"守株待兔""画蛇添足"等都属于四字结构形式的汉语典故。

第二种是具有对偶性的断句，虽然不多，但却十分典型，例如人们常说的"鹬蚌相争、渔翁得利"就属于这种类型。

当然，除开这两种形式，还有其他形式，只是二字和三字的组合并不常见。汉语中的大多数典故都有一定的名词性，因此可以作为句子成分而存在。

(二) 英汉典故的来源比较

1. 来自历史故事

历史故事也是英汉典故的一大重要来源，他们往往从历史事件中生发而来。

在英语中的短句 one's hair stands on end 常常被人们当作是"怒发冲冠"，其实并非是这样，这个典故来源于一个真实的历史事件，其本意是为了描述人

的表情。故事中这个人是一个犯人,他在被处刑之前极度恐惧头发竖起,因此,人们就用这个典故来描述恐惧。

汉语中,出自历史故事的典故也十分常见。例如,"刻舟求剑""完璧归赵""四面楚歌""八仙过海,各显神通"等。其中,有些典故表达了人们对历史的看法和评价,具有一定的社会认识价值,如"助纣为虐""殷鉴不远"等。

有些典故本身就是对历史事件进行的概括,如"口蜜腹剑""负荆请罪"等。

2. 来自风俗习惯

风俗习惯是社会上长期形成的风尚、礼节。习惯的总和便构成了民间的风俗,它是社会文化的重要组成部分,是促使语言不断丰富和发展的源泉,也是典故产生的来源之一。

在英语习惯中,"打"这个计量单位十分常用,在英语中常作 six of one and half a dozen of the other 的表达,而翻译成汉语与"半斤八两"的意思则十分接近。

在汉语用法中,有很多典故是来源于人们日常的生活习惯,因此汉语中的典故更加具有生活性。当然随着时代的发展,有些典故的含义也不再只是之前的意思,而是延伸出了新的意思。

3. 来自地名、人名、动植物等名称

除上述两种来源之外,英汉典故还有一些源自地名、人名、动植物名。

正如英语说法中的 "carry the coal to New castle" 就是从地名中而来,而 "be in Burke" 则是由人名发展而来,另外还有从植物和动物发展而来的。

汉语中,出自地名的典故有"不到长城非好汉";出自人名的有"司马昭之心,路人皆知""说曹操,曹操到""东施效颦"等;出自动物的典故有"谈虎色变""龙飞凤舞""万马齐喑""画龙点睛"等;出自植物的典故有"草木皆兵""鸟语花香"等。

总而言之,典故根植于民族文化的土壤,是社会遗产沉淀所形成的文化,带有浓厚的民族特色。

(三)英汉典故设喻比较

1. 以人物设喻

这种设喻比较,就是通过人物来完成比喻,需要有特定的范围或者发生特殊的故事,故事的内容与主要人物必须具有代表性且能够让人印象深刻。

英语有 a Herculean task(赫拉克勒斯的任务)的说法,这就是一个以人物设喻的例子，故事的主人公就是赫拉克勒斯，它是神话故事中的人物，能力超群，因力大无比被奉为神，人们常用这个典故进行比喻，意味着一些进行起来十分困难的任务。

同样地，在汉语中也有这样的典故。人们最熟知的"孟母三迁""姜太公钓鱼""王祥卧冰"等都是以人物设喻的典型，在这些故事中，主人公都有一些优秀的品质可以作为典故来激励众人。

2. 以物品设喻

物品设喻其实就是将设喻的对象由人换成了物品。当然，同样也会产生一些寓意，也是一种典型的设喻方式。

3. 以事件设喻

这种设喻方式的喻体转变为了事件，需要用特定的故事来进行喻指。

英语中最常见的就是与基督教有关的故事，能列举的例子也十分多样。例如，"he Last Supper"是从耶稣反诈有人出卖他的典故而来，之后，人们就常用这个典故比喻被人出卖。

在汉语应用中，事件设喻也十分常见，多见于历史故事之中，例如，人们熟知的"负荆请罪"的故事，如今仍旧适用。

虽然在英语和汉语中，以上几种方式都有所涉及，但是他们分别还是有所侧重的。比如，英语中就常用人，而汉语中则常用事件。形成这种差异的原因归根结底还是源于中西方有着不同的思维模式。他们在对人与世界的关系上有着根本性的分歧。在西方人眼里，人类自身远比世界发展重要得多，他们做事情所考虑的最先就是自己，并不会从周边环境出发关注他人。而中国人恰恰相反，他们对于周边环境的关注远远大于他们对自身的关注，而且经常会为他人着想。这就使得在典故中所选取的设喻方式有着明显的不同倾向。

二、英汉典故文化翻译技巧

（一）直译加解释法

直译并不是适合所有的英语典故。对于一些并不适用于这种方式的典故，就不能生搬硬套，而是要选取新的方法，既要保持典故原有的风格，又能便于人们对其进行理解。这样一来，意译也并不适合。因此，最好的方法就是用直译的方法但是在此基础上加上解释。这种翻译手法既解决了意译无法保持原有风格的问题，又能方便读者对典故的内容进行理解，可以说是一举两得。

(二) 直译联想法

直译联想法比较适用于两个典故寓意接近但是表达方式差别大的情况，这种现象在英汉翻译中时有发生，因此，直译联想法最为适用。它可以解决一些翻译中所无可避免的文化差异问题，帮助双方文化的相互理解，并且使翻译更加得体、地道，是可以选取的一种十分有效的翻译方法。例如：

Bad workmen often blame their tools.

拙匠常怪工具差。（联想：不会撑船怪河弯）

(三) 意译法

由于英汉文化的差异，有些典故在翻译时无法保留源语的字面意义和形象意义，不便采用直译，这时需要意译。用意译法翻译，可以将典故的文化内涵传递出来。例如：

Sometimes a person who presents himself as kind and gentle can in private turn out to be a dragon, who breathes fire.

有时，某人在公开场合显得和蔼可亲、温文尔雅，而在私下里却凶神恶煞。

很显然，对于"龙"这个事物，英汉两个民族有着各自的理解，在汉语中，"龙"是一种比较神圣的动物，象征着一些美好吉祥的寓意，但在英语中"dragon"并不带有美好的意思，甚至会被当作是一种邪恶的力量。所以，对这一事物进行翻译时，用意译的方式是最好的。

It was another one of those Catch-22 situations, you're damned if you do and you're damned if you don't.

这真是又一个左右为难的尴尬局面，做也倒霉，不做也倒霉。

上述这个典故摘自一个有名的美国小说，这个小说中的第22军规描述了一个自相矛盾的规定，因此后来就用这个典故来比喻一种处于纠结困境之中的意思。对于不了解这个故事的人来说，是不能够体会它的深层含义的，因此，也应当采用意译的方法进行翻译。

(四) 等值互借法

该种方法常用于在某些方面相似的典故，这种相似可以是在意义上也可以是在风格上，例如将英语中的典故借助汉语中的谚语翻译过来，符合汉语的语言习惯，人们也更容易理解。生活中，有很多例子都可以这样翻译。例如：

Among the blind the one-eyed man is king.

山中无老虎，猴子称霸王。

Great minds think alike.

英雄所见略同。

(五) 套译法

有些英汉典故在各自语言中可以找到与之对等的典故、成话或俗语，两者在意义、形象或风格上大致相同或相似，翻译时就可采取套译法，以使译文读者获得与源语典故相同的文化信息。例如：

Like father, like son.

有其父必有其子。

Where there is a will, there is a way.

有志者事竟成。

这里应当明确的是，典故虽然可以相互套用，但这种套用并非是随意性的，必须满足一定的条件。在实际翻译的过程中，就算是两组词语的意思十分相近，也要对其的深层含义和所体现的语言色彩进行深入分析后才能继续进行套用。否则，翻译就失去了意义，这种翻译是不成功的。

(六) 对联增字法

在汉语的很多表达中会出现一些谚语，而有些谚语是以对联形式出现的。同样地，英语中也会出现一些谚语，而要完整准确地讲这些谚语进行翻译，光是凭借少量的汉字是没有办法完成的，因此，就可以结合汉语中对联形式的表达，既延续对联的翻译形式，又通过增字的手段加强翻译的准确性。这种翻译的方法就被称为对联增字法。这种方法不似直译那么直接地对谚语进行翻译，而是结合汉语的语言表达习惯，将其进行更地道的翻译，翻译成汉语中也会出现的典故，更容易让人体会当下语境并加深理解。例如：

He who keeps company with the wolf will learn to howl.

近朱者赤，近墨者黑。

第三节　英汉居住文化比较与翻译技巧

一、英汉居住文化比较

（一）建筑价值观

1. 西方的建筑价值观

首先，在建筑材料的选择方面，西方建筑多用石头作为建筑材料，并不是因为森林植被丰厚的欧洲缺少木材资源，而是因为一方面西方人追求生活的理性意义，强调人在社会中的主体地位，主张人的力量可以改造自然和社会；另一方面古希腊、古罗马处于石材资源丰富的地中海区域，这是用石头作为建筑材料的另一个自然条件。所以，西方建筑偏坚硬，充满力量感，具有一种阳刚之美。

其次，西方建筑蕴含了深厚的宗教文化。因为西方世界是一个信仰宗教的世界，80%~90%的国民都有宗教信仰，基督教文化是他们的主流宗教文化，所以他们会不惜代价地用一流的建筑材料和建筑技术来修建神庙和教堂，这一行为充分显示了他们对上帝怀有虔诚的崇拜。

另外，发达而丰富的西方哲学也给西方建筑带来了特别是西方哲学当中的以人为本、和平民主、博爱平等、自由浪漫的思想，对古希腊、古罗马建筑文化的影响尤其明显。

2. 中国的建筑价值观

首先，中国建筑体现了"天人合一"的思想。这一思想使得中国建筑在材料选择、命名方面都有自己的特色。在材料选择方面，自古以来，不管是居民建筑还是宫殿都选择土木为材料，并不是中国缺少石材资源，这表明了人们对大地和植物的特殊情结，大地和植物是自然界的主要组成部分，这就展现了人们希望和自然的和谐统一。在命名方面，将建筑群中高大的主体建筑称为"殿"或"堂"，二者都含有气势恢宏的意境。因此，中国的建筑偏质朴，充满生命力，具有一种顺应自然的灵秀之美。

其次，中国建筑运用了传统文化中的阴阳数理理论，它既包含了阴阳调和论，又蕴含着数理思想。数与象有着直接而根本的联系，也就是说数是一切事物外在的象。

(二) 建筑布局

1. 西方的建筑布局

从整体上而言，西方建筑给人一种充满几何线条、有秩序、敞开、一览无余的感觉，如广场在西方是相当普遍的开放式空间，它与其他建筑相映成趣，与城市环境和谐地融入在一起，构成了西方建筑文化的一大亮点。广场只是整体建筑的附属物，真正居于主体地位的是广场中间的其他建筑，广场是服务于其他建筑的。但是西方建筑在共性之中还存在着个性，如罗马式建筑厚重、敦实，拥有典型的封建城堡特色，而哥特式建筑则以直冲云霄的垂直线条和尖顶为主要亮点。

2. 中国的建筑布局

中国建筑文化是一种围墙文化，体现了中国历来内敛含蓄的传统观念。不管是殿堂式建筑的中轴线设计，还是古典园林的错落有致，都在有形无形之间彰显着中国作为一个内敛含蓄的国度的特色。殿堂或者庭院建筑都是含有围墙的封闭空间，宫殿、大堂都是整个建筑的中心，其他建筑是紧紧围绕着它来设计的。

(三) 建筑审美观

1. 西方的建筑审美观

首先，西方建筑着重打造灵活多样的实体，注重物的形式之美以及外在景象给人带来的愉悦之感。西方古典建筑所呈现的几何图形，形成了非常壮观、磅礴、大气的景致。虽然西方建筑也经历了漫长的历史变革，并且各个历史阶段都有其各自的建筑文化特色，这就使得稍具常识之人便能将哥特式建筑与巴洛克式建筑区分开来。其次，西方建筑文化是一种理性而明确的文化，他们主张数的原则是一切事物的根本标准。西方古典建筑在立体形象以及各部分的比例方面无不体现了一种明确的数理文化。

2. 中国的建筑审美观

首先，中国建筑追求对称之美，将中轴线的设计嵌入所有的宫殿或者大堂之中，位居中轴线上的宫室气势恢宏，并且从纵向来看是层层相扣的，而中轴线的旁边则是有一些次要的建筑形成对称的图形。其实，这种审美风格是来源于中国政治文化中的君臣文化、尊卑长幼之规范，暗示着中国人中庸、保守、内敛、和谐的本质特征。

其次，中国比较有特色的园林建筑展现了中国人追求意境和灵性之美的思想。苏州园林玲珑精致，咫尺之间的景观变化多样，譬如狮子林中的假山曲径，极尽曲折回环之意境。虚实、区隔等构思特色蕴含在园林的多处设计上。畅游于亭台楼阁、庭院、园林及山水之间，瀑布、小溪或者深潭的动与石桥、楼阁的静相得益彰、动静相宜，形成一派水乳交融的景象，以致多少文人雅士在这里寄托自己的情怀和志向，流连忘返。

二、英汉居住文化翻译技巧

（一）西方居住文化翻译技巧

西方居住文化通常采用直译的方式，保留原文的语言形式，有利于目的与读者感受源语的文化魅力。例如：

The pure white stone bridge railings, omamental pillars and stone lions formed a very glorious and magnificent sight, adding to each other's splendor with red walls and yellow tiles and making a stark contrast with narrow and low—lying sight inside the Damingmen, which were the first climax of the leading sequence.

洁白的石桥栏杆、华表和石狮，与红墙黄瓦互相辉映，显得十分辉煌，气氛开阔雄伟，与大明门内的窄小低平形成强烈比较，是前导序列的第一个高潮。

（二）中国居住文化翻译技巧

1. 意译

中国的居住文化常见诸于中国的建筑，中国建筑一般具有极强的人本主义特征，建造中注重温和、平缓，给人一种实用轻捷的感觉，同时，颇具意境。因此，在翻译中，采取意译的方法最为得当。例如：

她一下来，鸿渐先闻着刚才没闻到的香味，发现她不但换了衣服，并且脸上都加了修饰。苏小姐领他到六角小亭子里，两人靠栏杆坐了。

（钱钟书《围城》）

When she came down, he caught a fresh whiff of a fragrance he had not smelled a moment agoand noted that she not only had changed her clothes but had also put on some make-up She led him into a small hexagonal pavilion: they sat down against the railing.

（珍妮·凯利、茅国权译）

2. 直译和意译相结合

直译和意译都是很常见的翻译方法，在居住文化的翻译中也时常用到，这两种方法相结合使用一般会在无法找到与目的语相对应的源语表达时，此时进行翻译，就可以不受源语本身的束缚，寻找更为贴切的翻译表达，这种策略就是将直译与意译进行结合。例如：

祈年殿　the Hall of Prayers for Good Harvests

正如本例，直译的为"殿"，而意译的是"祈年"。

乾清宫　the Palace of heavenly Purity

在本例中，"宫"直译为 palace，"乾清"意译为 Heavenly Purity。

Tower of the constellation of scholars

上述例子中的"阁"直译为 tower，"奎文"指有学问的人，意译为 Constellation of scholars。

第四节　英汉习语文化比较与翻译技巧

一、英汉习语文化比较

（一）英汉习语结构形式比较

从结构形式方面来看，英汉习语存在着诸多不同。

1. 英语习语的结构形式

就英语习语而言，其结构形式的灵活性特点比较明显，可松可紧、可长可短。例如：

What one loses on the swings one gets back on the roundabouts.

失之东隅，收之桑榆。

Hair by hair you will pull out the horse's tail.

矢志不移，定能成功。

2. 汉语习语的结构形式

就汉语习语的结构形式来看，整体呈现出用词简练、结构紧凑的特点，并且大多为词组性短语。从习语的字数来看，多为两个字、三个字或四个字的结构形式。当然，也有少部分字数较多的对偶性短句。例如：

踏破铁鞋无觅处，得来全不费工夫。

螳螂捕蝉，黄雀在后。

但是，这类汉语习语实属凤毛麟角。

(二) 英汉习语的渊源比较

1. 源自神话

神话传说是习语丰富的源泉，英汉语言中很多习语都与揭示世界起源、说明人生奥秘的神话故事有关。英语中的很多习语都源自古希腊、古罗马的神话传说。例如：

apple of discord　祸根，不和之源

汉语中的很多习语也与神话故事有着很深的渊源，这些习语多出自《山海经》，有的散见于经、史、子、集等书中。例如，出自《淮南子》的"女娲补天""嫦娥奔月"等，出自《山海经》的"夸父逐日""后羿射日""鲧禹治水"等。

2. 源自地理环境

英汉民族生存的客观地理环境不同，气候相异，所以就形成了不同的生存方式，进而产生了不同的物质文化，同时衍生出行为方式、思维模式、信仰、价值观念的差异，最终形成不同的精神文化。习语是语言的精华，是文化的重要组成部分，因此必然也反映着当地的自然风貌和生活方式。

英国位于欧洲西部的不列颠群岛上，多面环海，英国人常年以捕鱼为生，而且喜欢航海，并一度创造出了"海的文化"。所以，在英语习语中有很多和海有关的习语。例如，英国人常用鱼来比喻人：cool fish（厚脸皮的人），loose fish（放荡的家伙），cold fish（冷漠的人），drink like a fish（很会喝酒），have other fish to fry（另有他事要做），a big fish in a little pond（小地方的要人），feel like a fish out of water（感到不自在）等。

英国航海业十分发达，所以英语中有大量的习语与航海有关。例如：

a drop in the ocean　沧海一粟

clean the deck　扫除障碍

此外，英语中的很多习语都与捕鱼和海洋动物有关。例如：

walk the plank　被解雇，被迫辞职

as close as an oyster　守口如瓶

中国地处亚洲东部，西高东低，大部分领土为山地、高山和丘陵，平原和盆地则较少。且中国为半封闭的地形，对于中国人来讲海只意味着陆地的尽头，常给人一种神秘莫测的敬畏之感。所以，在汉语中，与海有关的习语多为："海角天涯""海枯石烂""海誓山盟""海市蜃楼"等。

此外，中国土地广袤，自古以农业为生，土地对于人们的生活来讲至关重要，所以汉语中有许多与土地和农耕有关的习语，如"挥金如土""解甲归

田""风调雨顺""瓜熟蒂落""五谷丰登""不毛之地""根深蒂固""沧海桑田""春雨贵如油""十年树木，百年树人""一分耕耘，一分收获"等。

从英汉习语的比较可以看出，英美民族的祖先生活的环境动荡不安、气候恶劣，因此他们逐渐养成了不断进取、崇尚竞争的民族个性，是典型的海洋文化和商业文化。而中国以农为本，安守田土、自给自足的农业社会滋生了一种安定守成、质朴厚重的文化特征。所以，在比喻花钱大手大脚时，西方人用的是 spend money like water，而中国人用的是"挥金如土"。

3. 源自文学典故

文学作品不仅是一种语言艺术，也是人类精神的载体，记录着特定民族的心灵史。文学巨匠们通过文学作品记录着精彩的故事和富有教育的哲理，从而凝聚为语言的精华——习语。所以，文学典故是习语的重要源泉之一。

英语中很多习语都源自文学著作和典籍。例如，英语中的 Friday（忠仆，得力助手）出自小说《鲁滨孙漂流记》；a pound of flesh（合法而不合理的要求）出自小说《威尼斯商人》；lay it on with a trowel（过分夸奖、竭力恭维）源自小说《皆大欢喜》。

汉语中也有很多习语源自文学典故。例如，"辗转反侧""投桃报李"等源自《诗经》；"过犹不及""怨天尤人""道听途说"等源自《论语》；"桃园结义""身在曹营心在汉"源自《三国演义》。

4. 源自生活习俗

英汉语言中的很多习语都源自生活习俗。"民以食为天"，因此这里就主要讨论汉英源自饮食的习语。

就饮食习俗而言，英美人多以肉、乳为主要食物，所以英语中有大量的关于 bread，milk，butter 的习语。例如：

earn one's bread　赚钱糊口

a hair in the butter　棘手问题

中国讲究饮食，而且食材十分丰富，所以汉语中与食品有关的习语也就十分常见，如"老油条""香饽饽""一锅粥""掉馅饼""露馅儿""巧妇难为无米之炊""挂羊头，卖狗肉""萝卜白菜，各有所爱"等。

（三）英汉习语对应程度比较

整体而言，英汉习语在对应程度方面存在着对应、半对应和不对应的情况。下面就对这几种情况进行具体分析。

1. 英汉习语的对应性

虽然英汉民族在思维方式、生活习惯、认知能力等方面存在着诸多差异，但是二者赖以生存的外部条件，包括地理状况、季节更迭、气候变化等，仍存在着各种共性。这种共同的认知反映在语言层面便可通过习语表达出来，英语和汉语都是如此，英语有许多习语在字面意义、喻体形象和比喻意义方面与汉语习语有很多一致性。这些习语在两种语言中不仅具有相同的语义，在表达方式与结构上也高度相似，并且这种对应关系从字面意义上便一目了然，这些习语被称为"相互对应的习语"。例如：

pour oil on the flame　火上浇油
throw cold water on　泼冷水

2. 英汉习语的半对应性

英汉两种语言属于不同的语系和不同民族的母语，不同环境的人们在生活经历和对外部世界的看法上不可能完全一致。语言是客观事物在人们头脑中的具体反映，客观外部环境不同，对外部世界的认知也会引起习语的部分不对应。

英语习语和汉语习语都是在其文化的发展过程中，经过长期的社会实践所提炼出来的短语和短句，是文化中的精华。因此，在具体的习语表达形式上也会呈现各自特有的文化内涵。

英汉习语与其民族的文化历史渊源密切相关，并在社会、历史、心理、民俗等各类现象中得以反映。英汉习语的意义兼顾字面意义和文化意义。在理解习语的同时，我们要对其意象加以转换，用合适的目的语阐释其内涵。这些不完全对应的习语被人们称为"半对应的英汉习语"。例如：

plentiful as blackberries　多如牛毛
as silent as the graves　守口如瓶

3. 英汉习语的非对应性

由于英汉两个民族之间的差异，有的事物或现象你有我无，反之亦然。在语言词汇或表达习惯上难免会出现各种各样的偏差。在英语习语中，存在大量与汉语习惯用法和汉文化特征大相径庭的习语，即"非对应的习语"。例如：

bull market　牛市
good luck　红运

二、英汉习语文化翻译技巧

（一）直译法

直译法主要应用于英汉习语中具有相同或相似含义的表达中。这些习语在译语中存在着字面意义或形象意义相同或相似的表达对象，并且内涵意义相同。例如：

golden age　黄金时代

a thorn in the flesh　眼中钉，肉中刺

Distance water cannot put out a near fire.

远水救不了近火。

（二）直译加注法

对于各民族而言，其都有各自的文化特征，习语文化也是存在着差异的，但是为了文化交流的顺利，人们还是会对其进行翻译保证双方文化的理解。这就为翻译过程中翻译方法的选择提出了难题。一般来说，只单纯地采取意译，就无法展现出习语本身的文化色彩。这样看来，似乎采用直译法更为妥当。但是如果只采用直译的方法同样难以帮助读者深刻掌握译入语的深层含义。因此，最合适的方法就是选取直译并在此基础上添加注解，这样既能保证译入语本身的文化色彩，又能加深读者对译文的理解。例如：

All are not maidens that wear bare hair.

不戴帽子的未必都是少女。

有上述这种说法是因为在西方人们的约定俗成中少女是不戴帽子的。而这个习语的形成有一种警示的意味，即提醒人们不能只通过外表去看待事物。

（三）意译法

直译法的优势就是能够帮助人们进行理解，但是却无法真正的翻译出源语的文化性及深层意义。这种情况下，选取意译法就比较适当，即通过意译的方法帮助译文的内容可以更加生动形象，将译文的深层次意思也能够翻译出来。例如：

a lion in the way　拦路虎

the heel of Achilles　致命的弱点

When in Rome, do as the Romans do.

入乡随俗。

（四）直译意译结合法

习语不同于普通的语言翻译，其内含许多隐晦的含义，因此在某些特殊的情况下，只采用一种翻译方法是无法完成准确翻译的。这时候就可以将直译和意译的形式相结合来进行翻译。根据内容的表达重点，选择是用直译还是用意译。例如：

Caution is the parent of safety.
谨慎为安全之本。

(五) 套译法

所谓套译法,就是在翻译过程中可以将喻义相似的习语进行套用,完成源语到目的语的转换,目的是为了保证他们在意义上可以互通。例如:

While there is life, there is hope.
留得青山在,不怕没柴烧。
Give him an inch and he'll take an ell.
得寸进尺。

第六章　英汉生态文化比较与翻译技巧

任何语言的形成都与它的周边环境有密切关系，生态环境同样会对语言产生一些不可忽视的影响，生态文化反映在语言中也有着不同的表现形式。同样地，在英汉语言中，对生态文化的理解也存在着一定的差异，这无疑为文化交流中生态文化的翻译带来一定的挑战。本章主要从动物文化、植物文化、山水文化以及东西风文化等方面对英汉生态文化进行了比较并概括和总结了一些翻译中所需的翻译技巧。

第一节　英汉动物文化比较与翻译技巧

一、英汉动物文化比较

（一）同一动物具有相同的内涵

虽然从文化发展与思想崇尚上来看，英汉两个民族存在着十分明显的差异，但是人们生活在同一片大环境之下，所面临的自然现象与季节更迭都是相同的，因此在某些方面就会产生一些互为相通的认知。这一点同样体现在英汉语言的词汇之中，其中动物词汇的相近就是一个很明显的表现。也就是说，无论是在英语还是在汉语中，一些描述动物的词汇是可以找寻到他们的相似之处的。

1. bee 与蜜蜂

英语中的 bee 与汉语中的蜜蜂在文化内涵上基本相似。

例如：

as busy as bee　忙得团团转，非常忙

a busy bee　一个忙碌的人

他埋头苦干的样子仿佛勤劳的蜜蜂。

他们最近在准备考试,像忙得团团转的蜜蜂。

2. swan 与天鹅

在英语中,swan 的含义是典雅的、圣洁的、美好的。在英语中,有很多与 swan 相关的短语。例如:

the swan of Avon　埃文的天鹅

All your swans are geese.　所有的美好愿望都变成泡影。

上述中天鹅是美好的象征,这点在汉语中也同样有所体现。在汉语中,天鹅是一种高贵的动物,是美丽的事物。常见的说法有"癞蛤蟆想吃天鹅肉"。

3. snake 与蛇

(1) 蛇在汉语中的文化含义

蛇这一形象,最初在中国的形象是与"龙"相似的,而且有好的寓意。古代神话中对蛇的描述几乎都是正面的。而且蛇同样是作为十二生肖之一存在的。但是从整体的角度而言,人们对蛇的认知大部分还是不喜欢的,常常将其与一些邪恶的形象相连,表现出对其的憎恶之情。

(2) snake 在英语中的文化含义

snake 在西方文化中的象征意义也多为贬义。人们常将蛇与阴险、冷漠,甚至是狡猾联系起来。比如:

His behavior showed him to be a snake.

他的行为举止说明他非常狡诈。

a snake in one's bosom　恩将仇报的人

a snake in the grass　潜伏的敌人

serpent 还用来表示精明、奸诈或阴险的人,尤其是诱使别人做坏事的人。比如,

snake in the bosom　忘恩负义的人

由此可见,蛇在中西方文化中的主要象征意义都是贬义的,英语中的蛇有着与汉语中相近的含义。

4. bug 与臭虫

英语中的 bug 常常用来比喻人,有着戏谑的味道,也用来比喻对某件事、某个物品偏好的人。例如:

a football bug　喜欢足球的人

a camera bug　喜欢摄影的人

a bug at sports　体育迷

汉语中也有以虫喻人的说法。例如:

糊涂虫：不明事理的人。

寄生虫：形容别人不自己劳动，老依靠别人来生活的人。

（二）同一动物具有不同的内涵

英汉语言中，对于动物词汇的内涵理解，虽然有动物概念与意义相一致的情况，但更多的是存在差异。这种现象出现的原因是因为民族文化背景的差异，因此在面对同一事物时很自然地会出现一些不同的联想。

1. cat 与猫

（1）猫在汉语中的文化含义

在中国的文化理解中，对猫的看法还是正向的，因为猫很勤劳，而且将捕鼠作为天职，十分勤劳并且忠诚。所以人们对其还是十分喜爱的。所以一般在汉语中涉及猫的字眼都是积极的，而且有些也暗含亲密之意。虽然也有一些负面的说法，但总体上来说还是正向的联想占据了大部分。但实际上，猫这种动物更容易在城市中出现，所以在传统社会中的活跃度不高，发展至今，与之有关的词汇也不是很多。

（2）cat 在英语中的文化含义

在英语中，显然 cat 一词带了更多活跃的意味。这是因为欧洲的城市化发展进程比中国要早得多，猫这种城市化的动物就恰好出现在人们的日常生活中并占据了较大部分的时间。但是在西方人看来，猫并不是吉祥的象征，因此对猫的表述都是负面的，他们甚至对黑猫十分厌恶，也因此会用有猫的词汇形容一些人的恶毒。

下面是一些与猫有关的含有贬义的语句：

a cat in the pan　叛徒

be a cat's paw　被人利用

The cat won't jump.　这一手行不通。

Cats hide their claws.　知人知面不知心。

2. dragon 与龙

在英语与汉语中龙的内涵有明显的不同。英语中，人们对"dragon"形象的理解来自神话故事，在神话中，"dragon"并非是正义的代表，而且通常都是凶残的，所以会被认定为怪物，最终在神话故事中被消灭。基于这种状况，就产生了很多贬义的词汇。例如：

the great dragon　恶魔撒旦的称呼

to sow dragon's teeth　播下了不和的种子

而与西方不同的是，中国人对"龙"则有一种敬仰，在中国人的心中，龙是十分厉害的物种,他神通广大,有很强的本领。因此,龙的形象一直是正面的,而且象征着吉祥。中国人也自称是"龙的传人"。除此之外,在中国古代的封建社会,龙还是权利的象征,代表着皇权。

在中国,龙意味着一种不屈不挠的精神,正是受到这种精神的鼓舞,中华民族才能在时代的洪流中一直坚持不懈、奋勇向前,这种思想在人们的心中根深蒂固,同样成为一种道德规范影响着无数代的人们。所以,在汉语中,一般带有龙的词语都是正向的,具有好的寓意,特别是成语中出现的龙,都是积极的,表现人们对美好的追求与期望。

除此之外,人们还会以龙为名,表现对孩子的殷切期望,希望他们能够脱颖而出,成为有作为的人。

3. phoenix 与凤凰

同龙一样,凤凰也是中国的祥瑞动物之一。在我国传统文化中也有不容小觑的地位。古籍中记载,凤凰是指代雌雄两种。凤凰是高贵的物种,而且普通飞鸟不同,十分高傲,特立独行。若是在古代,凤凰出现是大吉的征兆,预示着即将发生一些美好的事情。在皇权中,凤凰代表着皇后。而且以凤组成的词汇,大多表现珍贵的意思,意味着不可多得。除此之外,凤凰还象征着爱情,凤凰于飞是一种十分吉祥和谐的画面。总之,凤凰的形象在汉语中是十分高大的,有无数美好的寓意。

而在西方,phoenix 是一种有红色和金色的羽毛,像鹰一样的神鸟。具有"不死鸟,长生鸟"之说,象征着"长生不死"。相传 phoenix 是生长于阿拉伯沙漠中的一种美丽孤独的鸟,每 500 年投火自焚化为灰烬,然后在灰烬中重生。而 phoenix 的这一文化寓意在基督文学作品乃至其他文学作品中都有所体现。例如:

Religion like a phoenix has been resurrected from the ashes of the revolution.

宗教就像长生鸟一样,已从革命的灰烬中再生。

Much of the 1own was destroyed by bombs in the war but it was rebuilt and in the following decade rose from the ashes like the phoenix.

这座在战争中被炸弹摧毁的城市得以在十年后重建并重新像凤凰一样浴火重生。

可以看出,在文化象征意义译语中的"凤凰"与英语中的 phoenix 有着显著的差异,因此翻译的时候应根据具体语境选用合适的翻译方法。

(三) 不同动物具有相似的内涵

在英汉两种语言中,有些虽然是两种不同的动物,表达的内涵却是相似的。这与中西方的历史背景、对客观事物的认知方式有关。

1. horse 与牛

英语中，horse 是西方人早期的生产生活的工具，后来延伸

基于语言与文化对比的英汉翻译探究了赛马等娱乐项目，在英语中的 horse 有着勤劳苦干的意思。例如：

work like a horse　像马一样苦干、勤劳

而这一内涵恰好与中国的牛是相符合的，都是勤勤恳恳的象征，表达了相同的作用，即农耕工具。因此，"力大如牛"应该用 as strong as a horse 表示。

2. tiger, lion 与老虎、狮子

对于虎这一形象，在汉语中是一种很有力量的象征。在人们看来，老虎一直都是百兽之王，它具有一些优秀的品质，例如，坚毅勇敢、威武雄壮。在中国古代，人们常常用老虎来进行辟邪，以求能够保佑生活稳定、身体康健。在古代的神话传说中，老虎是仙人的坐骑，坐骑一般都是凶猛的。因此，汉语中凡是涉及"虎"的词语都寓意着勇猛无畏，人们还用虎的形象来比喻战士，但与此同时，人们也承认虎的凶残。这些都在涉及虎的成语中有所展现。比如，表现人的英勇的"将门虎子"之称，表现虎的凶残的"虎视眈眈"等。这些都十分明显的展现出虎的形象，也是汉语文化特征的体现。

然而在西方人的眼中，对于百兽之王一直有所争议，在他们看来，狮子比老虎要凶猛的多，所以它才应该是百兽之王。"lion"一词在英语中的含义同"虎"在汉语中的含义，象征着威严与勇敢。所以，在对与两者有关的词汇进行翻译时要适时地做好调整。例如：

brave general　虎将

hero as brave as a lion　虎胆英雄

fight like a lion　勇敢地战斗

great lion　名人，名流

（四）相同动物既有相同内涵又有不同内涵

从前文的描述中可以看出，人们的认知会受到周围环境的影响，人们在现实中的表达会受到客观环境的影响，因此，语言的形成会表现一定的现实性。这就使得在相同环境下生存的人们在认知上呈现一定的趋同性。这种情况表现在动物词汇中就是动物间会产生相似或者相反的文化内涵。

1. fox 与狐狸

无论在英语还是汉语中，fox 都指的是野生的、普通的食肉动物，属于犬科，性情狡猾，因此在用作比喻时，往往指代的是"奸诈、狡猾"。在这一点

上，英汉语对于狐狸的寓意是相似的。例如：

as sly as a fox　像狐狸一样狡猾

a sly old fox　一只狡猾的老狐狸

Lily is as cunning as a fox.

莉莉狡猾得像一只狐狸。

再狡猾的狐狸也躲不过猎人的眼睛。

但事实上，上述例子是英汉中关于狐狸的相似之处，但在汉语中，狐狸除了有狡猾的意思之外，还有其他的意思，例如可以表示狐媚和强权，代表词语有狐狸精和狐朋狗党。

但是相比之下，英语中的 fox 就没有这层含义。英语国家中的狐狸除了有狡猾的意思，还可以指代"精明""俊俏"。例如：

crazy like a fox　一个精明的人，一个不轻易上当的人

wary foxy eyes　具有一双警觉的眼睛

甚至，西方有些人将 fox 作为姓氏，表达他们对 fox 的喜爱。

2. peacock 与孔雀

在英语中，peacock 的含义基本是否定的，指的是傲慢、炫耀自己、洋洋得意的人。例如：

proud as a peacock　像孔雀一样傲慢

They arepeacocking in their bustle on.

他们都在炫耀自己的裙衫。

在中国，孔雀也有类似的意思，代表一种爱比美、有虚荣心的动物。

(五) 相同动物在英汉语言中无对应内涵

每个民族的文化特征不同，人们对文化的认知也不相同，所以即使面对同一种事物，人们也可能会产生不同的理解。因此，在生态文化中，同一个事物在这种文化中可能是常见的，但在另一种文化却有可能并不常见。因此，一种动物在一种文化中出现十分寻常，但有可能在另一种文化中找不到对应。

1. white elephant 与象

在中国人眼中，象是一种庞大的动物，有着硕大的耳朵、长长的鼻子、尖尖的牙齿，很多人从小就知道"曹冲称象"，但是对于象并没有什么特殊的联想。但是，在英语中，white elephant 有着笨拙，大而无用的意思。

2. buffalo 与水牛

很显然，以汉语的角度来看，人们并不会因为水牛一词对其他事物产生什么联想，所以这个词汇在中国文化中并没有十分深刻的含义。但是在英语中，

to buffalo 这一习语是尽人皆知的,指的是"让人迷惑、使人不解",后来进一步引申为"威胁人、吓唬人"。在美国文化中,这是一种十分常见的习语。该习语的产生最早源于其国内的西部开发。那时候,人们为了换取钱财会捕捉 buffalo 将其进行售卖,而捕捉 buffalo 的过程十分困难,因此他们会用这一习语来描述一些束手无策的行为。

3. silkworm 与蚕

关于蚕,其最早就出现在中国,人们利用蚕吐出的丝制作丝织品,制作出的产品受到国内外的广泛认可。古时候,早有"丝绸之路",因此诞生了历史悠久的蚕文化,人们常用蚕来比喻高洁的人类,其甘心奉献的精神广受人们推崇,含有蚕的词语一般都是褒义的,代表着对人类的赞扬。在中国人的心中,蚕的形象也是十分高大的。但是与中国颇有不同的是,英语中的"silkworm"并没有什么深刻的含义,只是简单地被当作是一种虫子。

4. crane 与鹤

对于鹤这一形象,在中国也是有意义的。在中国人看来,只有神仙才能将鹤当作坐骑,所以和神仙一样,仙鹤也是会长生不老的。一般情况下,中国人在给老人祝寿时会有关鹤的物品当作贺礼,寓意希望过寿的人能够健康长寿。也就是说,鹤在汉语中还是存在着比较特别的意义的。而英语中却不这么认为,英语中的"crane"一词并没有什么特殊的含义,因此人们在看到这一词汇时就不会产生其他的联想。

二、英汉动物文化的翻译技巧

(一) 直译

对于动物词汇,在翻译中会遇见英语和汉语中表达习惯与意义相同的情况,这种时候,就可以采取直译进行翻译。因为可以在目的语中找到与源语中相对应的形象,就简化了翻译的过程。直接进行翻译就可以更好地保存原本译入语中展现的动物形象。这种直译的方法不会破坏文章所蕴含的文化信息,但同时还能让人们比较容易地对文章内容进行理解。例如:

wolf down   狼吞虎咽
barking dog do not bite   吠犬不咬人
to play the lute to a cow   对牛弹琴

(二) 意译

人们会由于对一种动物的名称而产生一些相似的联想从而在翻译中让他们

第六章　英汉生态文化比较与翻译技巧

有了相同的意义，但是并非所有的词汇都是这样的。因为一些客观条件的差异，例如不同的文化背景、自然地理环境以及风俗习惯等，都会使动物文化在认知上产生一定的差异。从语言学的角度来看，英汉两种语言中所展现的动物形象有差异是十分正常的，因为英汉民族的文化背景本身就存在差异。思维模式的不同对他们的动物词汇的形成也产生了一定的影响，但是却有各自不容忽视的特点。正如前文中所述，英汉中对百兽之王是何种动物的分歧一样，英语中的"lion"与韩语中的"虎"都可以用来形容"危险"，但在英汉两种中所用的动物词汇却显示出明显的差异。人们对动物形象的认知不同，所以在翻译时选择的喻体也不相同。因此，在翻译时要遵循目的语的语言习惯，做最地道的翻译。试看下面的例子：

lion in the was　拦路虎
beard the lion　虎口拔牙
In like a lion, out like a lamb.　虎头蛇尾

有时地理环境的差异也引起动物习语翻译的差异。中国是个农业陆地为主的大国，全国人口的80%以上从事农业。人们的生产及经济活动主要依附土地，在语言表达上他们所联想的是与土地有关的事物，而牛是与农民息息相关的动物，因此，汉语中有许多与牛相关的习语。然而，在英国，马在其民族体育运动史上扮演一个相当积极的角色，骑马运动风行英国，在英语中也相继出现了一些与马相关的习语。例如，形容力气大，英语用"as strong as a horse"，汉语则用"力大如牛"。这是因为英国早期用马耕地，而中国自古以牛耕为主，故我们有"像老黄牛一样干活"，而英国人则说"work like a horse"。汉字"犁"也跟"牛"搭配在一起，而英语"plough boy"的定义是：(esp in former times) "a boy who leads a horse pulling a plough"，还如"talk horse"（吹牛），等等。

传统文化思想差异也必然会反映在动物习语的理解和翻译上。中国传统的哲学思想在1840年以前以儒家为主。英国可算是西方历史悠久的国家之一，基督教文化与西方哲学是英国文化的主体。这种差异最明显地表现在汉语词"龙"与英语词"dragon"上。例如，在华夏文化中，"龙"是汉语民族颇为熟悉而有好感的，"龙"在汉语中是皇帝之称，杰出人物之喻，蕴含着"权威、力量、才华、吉祥"等褒扬意义。然而在英美国家，人们则会谈"龙"色变，他们认为"dragon"是邪恶的象征，认为龙是凶残肆虐的怪物，应予消失。如词组"the old dragon"意为"魔王"。鉴于此，我们在翻译时，必须进行喻体替代，形象转换。

由上述可知，由于中西文化的差异，英汉两种语言对动物赋予不同的文化

内涵，即使同一动物形象，其背后所蕴含的文化含义甚至会南辕北辙。在处理这种翻译时，采用直译会使译文隐晦生硬，读者会觉得不知所云，失去了译文的价值。因此，在这种情况下宜采用意译法，舍弃原文中令人难以理解的动物形象，使之符合目的语的表达习惯，以求达到"神似"。例如：

Don't teach fish to swim.

不要班门弄斧。

Love me, love my dog.

爱屋及乌。

A crow is never the whiter for washing herself often.

江山易改，本性难移。

(三) 释义

某些含有动物形象的英语谚语和成语，无法在汉语中找到恰如其分的对应表达方式，还有一些虽然字面意义相互对应，但其附加意义、感情色彩、评价目的不同，如采用直译法，往往使人不知所云，很难把握其真谛，采用意译法，又没有恰当的喻体替代形象，在这种情况下，可采用释义法，即在翻译动物习语的过程中直接指出该谚语或成语的真正含义，切忌望文生义，造成误解。如：

A tenant offering five bales of cotton was told, after some owl-eyed figuring that, this cotton exactly balanced his debt.

这里的"owl-eyed figuring"中的"猫头鹰"的形象，在西方文化中是"冷静、智慧"的象征，而在汉语文化中却是"厄运"的凶兆。为了避免误解，宜采用的释义方法译为：一个佃农交了五包棉花，老板精明细致地一盘算，告诉他说这些棉花刚好能抵上他所欠的债务。又如：

"You old buffalo!" she thought, her face crimson with suppressed fury.

说"Gone with the wind"中的一句（上海译文出版社的全译本）《乱世佳人》将它直译为："你这条老肥牛！"她心里直骂，由于压着一腔怒火，所以涨得满脸通红。这里"buffalo"这一动物形象所承载的准确喻义是什么呢？

"牛"在汉语中具有"勤劳、吃苦、任劳任怨"典型的语用含义，而英语中的"buffalo"却用来指"恐吓、愚弄别人、令人厌恶的人"。可见，英语中的"buffalo"一词的喻义与汉语中的"牛"给人的联想不仅褒贬有异，而且完全相悖。这样，译语中保留的动物形象就会被读者误解，而汉语中也没有相似的动物比喻，因此要舍去原文的动物形象，直接采用释义的译法，试译作："你这令人厌恶的老东西！"她压着一腔怒火，满脸憋得通红。

总之，英语动物习语表达与汉语习语完全对等的很少，绝大多数是不同程度的对应，还有一部分表面上彼此对应，而实际上并不对应。所以我们最好不要通过汉语来了解英语动物习语，而要按照它本身的意义和用法来掌握它。而且动物习语修辞效果独特，翻译中，应尽可能体现原语风格，同时，要尽可能考虑其译文是否能被译语读者所接受。

根据以上的分析可知，用动物名称来做一些比喻或将其用在典故之中，已经是英汉语言中常见的一种文化形式，这其中蕴含着丰富的文化性。动物词汇的产生，或多或少地都彰显着一个民族的文化内涵，它反映着一个民族自诞生以来所历经的种种，无论是历史的、地理的、社会的还是思想层面与文化层面的，都展现在他们的语言体系之中。因此，在进行动物习语的翻译时，要充分考虑到这一点，在了解各民族文化背景的基础上，选取适当的翻译方法进行翻译，以保证翻译的准确性与完整性，从而保证文化交流的有效性。

第二节　英汉植物文化比较与翻译技巧

一、英汉植物文化比较

（一）相同植物具有相同的内涵

民族文化的差异同样体现在植物文化之中，英汉两种文化中，存在一些有差异的植物词语，但也同时存在一些具有相同内涵的词语。这是因为他们对某些植物所产生的认知是十分相近的。

1. oak 与橡树

在英汉两种语言中，oak（橡树）都代表着坚韧与刚毅。在英语中，有很多与 oak 相关的短语。例如：

a heart of oak　刚毅的人、勇敢的人

Queen's oak　女王橡树

汉语中也是如此，可以通过舒婷的《致橡树》明确感受出来，诗人用"橡树"的"铜枝铁干""伟岸的身躯"等形容男人的坚强与刚毅。

2. cherry 与樱桃

在英汉语中，cherry（樱桃）都用来表达人的嘴唇小而红润，如同樱桃一般。例如：

Thy lips, those kissing cherries, tempting grow!
你的嘴唇，如同那吻人的樱桃，瞧上去那么诱人！

(二) 相同植物具有不同的内涵

1. Willow 与柳

柳在汉语中也有着丰富的文化寓意。首先，在汉语文化中，柳常用来表达忧伤离别之情。这是因为柳条纤细柔韧，象征了绵绵的情谊，而且"柳"与"留"谐音，有"挽留"之意。所以，古诗词中但凡有柳的句子，大多都包含着浓浓的离别之情。

与汉语中"柳"相对应的英文词语是 willow，但 willow 却表达着与汉语"柳"不同的联想意义。willow 大多指失恋和死亡。这一象征意义与以前英国人带柳叶花圈以示哀悼的习俗有关，并在文学作品中有所体现。

2. daffodil 与水仙

在英语中，"daffodil"一词在道德层面是有含义的，它的形象一般会展现出一种傲慢和自大的意味。这一切都源于希腊的神话故事。传说有一个名叫喀索斯（Narcissus）的美少年，他十分自我，在面对回声女神的表白时毫不犹豫地拒绝了她而使得女神抑郁而终，为了让其受到惩罚，爱神设法让其爱上了他自己的倒影使得他最后化成了水仙花。所以这个词之后与 narcissus 就成为了同义词。除了表示水仙，其还是活力的象征。

在汉语中，水仙是一种极为高雅的花的品种，其培育历史悠久，而且常用于诗词中被人们广为歌颂。水仙在古代诗词中代表着仙子，其寓意着清新脱俗。

3. red bean 与红豆

众所周知，红豆在古代中国代表着相思，常常与爱情和思念联系在一起。这与红豆本身的性状有关，一是因为它颜色是血红色，二是形状有点像心形，三是其外壳坚硬，所以有点像爱情。寓意着忠贞不变、矢志不渝。

英语中的 red bean 的文化内涵受《圣经》的影响颇深。《圣经》中，Esau 为了一碗红豆汤而出卖了长子权。因此，红豆在西方文化中象征着见利忘义、为了微小的眼前利益而违背原则、出卖他人。

(三) 相同植物既有相同内涵又有不同内涵

除开相同内涵的植物词语之外，还有一些植物词语的内涵是既有相同又有不同的。

1. rose 与玫瑰

对于玫瑰而言，其在英语和汉语中都象征着爱情，而且汉语受英语的影响较大。玫瑰最常出现的时间是在情人节，恋人通过玫瑰向对方表达爱意。英语中著名诗人彭斯的《一朵红红的玫瑰》就是这样的寓意。

但是，除了代表爱情，玫瑰在汉语中还有其他的含义。曹雪芹《红楼梦》中的贾探春，被称为"玫瑰花儿"，这个称呼是说贾探春本身明艳动人，但是美中带刺。因此，玫瑰在汉语中还有另外一种用法，那就是来形容人的长相与个性，例如，可以用玫瑰来描述一个人长得美艳但是性格带刺，不易相处。

不过，英语中并不具备这一含义，往往仅用于形容女人的美貌。roses in her cheeks（白里透红的面容）就是一个典型的例子。除了代表爱情与美貌外，rose 往往被西方人认为是高贵的象征，是"尽善尽美"的代表。例如：

a bed of roses　称心如意的生活
be roses all the way　万事如意，一帆风顺
gather life's roses　寻求快乐，享受人生
come up roses　很顺利、很完满的事情

另外，英语中的 rose 还有"严守秘密"的含义。例如，under the roses 的含义为"私下的、秘密的"。这一习语出自罗马神话故事，女神维纳斯性情非常浪漫，喜欢恋爱，一天，当她沉醉于风流之时，被沉默神哈波克雷特撞见。这时，爱神丘比特来了，维纳斯怕哈波克雷特告诉丘比特，便捧着一束美丽的玫瑰花送给哈波克雷特，要求哈波克雷特保守秘密。哈波克雷特接受了礼物，并告诉维纳斯会保守秘密的。因此，玫瑰花就有了"严守秘密"的意思。但是，这一层含义在汉语中是不存在的。

2. peony 与牡丹

在英汉语言中，peony（牡丹）都代表着美貌。英语中有 to blush like a peony，意思是"双颊绯红"。在中国人的眼中，牡丹代表着雍容华贵，用牡丹来形容人可以被理解为这个人是国色天香、十分美貌的。除此之外，牡丹还有一种吉祥的寓意，既能表现人的美貌，又能描绘社会发展的繁荣昌盛。所谓"富贵花"就是指牡丹。

3. laurel 与桂树

在英汉语言中，laurel 与桂树都代表的是殊荣、荣誉。英语中的 laurel 源于 laurus 这一拉丁语。据说，古希腊、古罗马人用桂树枝叶编成冠冕，授予英雄或者体育、音乐等竞赛的获胜者，以后成为欧洲的一种习俗。汉语中也是如此，古代的乡试是在农历八月举行，这时候正好是桂花开放的时节，因此将考

中的考生称为"折桂",将登科及第的人称为"桂客""桂枝郎"。

在汉语中,桂树也带着些许神话的意味。桂花树经常存在于神话传说之中,并寓意着长生不老。这种说法广为流传,并无数次出现在文人墨客的笔墨之中,是超凡脱俗的展现。

二、英汉植物文化的翻译技巧

(一) 意译

如果采用直译手法,或许会导致读者无法理解。因此,译者需要考虑原文与译文的文化差异,翻译时选择与目标语接近的词语,将原文的意义表达出来。例如:

The idea that such a tomato might be involved inmurder was terrible.

这么一位漂亮的女人竟然会卷入谋杀案件中,真是可怕。

如果将 tomato 翻译为西红柿,译为"这么一个西红柿竟然卷入谋杀案中,真是可怕。"会让人贻笑大方的,显然目的语读者不会理解。

(二) 直译

对于一些源语与目的语联想意义上都相似的植物词汇,在翻译时选取直译的方法最为妥当,这样能够最大程度还原原文中的形象。例如:

sour grapes　　酸葡萄

a stick and carrot policy　　大棒加胡萝卜政策

hold out the olive branch　　抛出橄榄枝

(三) 套译

套译意味着译者在面临植物词汇翻译存在文化差异时,就可以借助套译的方式,将目的语的表达方式套用在对源语的翻译上,改变喻体但是不改变联想意义,从而帮助读者对译入语的理解。例如:

as red as a rose　　艳若桃李

spring up like mushrooms　　雨后春笋

结合上面的分析可知,即使是同一种植物在面对不同的语言时,其所具有的文化意义也是不同的。有可能有十分深刻的意义,也有可能并不被重视。这种现象的出现完全是由于英汉两个民族在文化背景方面的差异,客观环境使人们形成了对同一种事物的不同认知,所以难免会出现一些文化荒地。认识到这一点,人们在进行翻译时就可以有的放矢,不但要理解植物词汇的字面含义,还要对其中所蕴含的文化特征进行深入挖掘,保证文化交流是有效的,从而避免因不了解而产生的文化冲突与文化误解。

第三节　英汉山水文化比较与翻译技巧

一、英汉山水文化比较

(一) 英汉山文化比较

1. 英语中的山文化

与中国文化不同,山在西方文化中的涉及并不常见,在他们看来,山只是一种客观存在的自然现象,并没有在文化中有多大的描写价值,所以在西方的文章中对山的描写可谓是少之又少。除此之外,在西方人的思想观念中,人才是决定事物发展的最关键因素,他们会相较于忽视自然的力量。所以在此基础上,对山没有十分具象的想象,对山的理解只存在于表面。

(1) 表示"地面形成的高耸部分"。例如:

mountain areas　山区

mountain top　山顶

mountain ridge　山岭

(2) 表示"许多、大量"。例如:

a mountain of work　堆成山的工作

grain mountain　堆成山的谷物

(3) 比喻"费力,任务艰难"。例如:

English is his mountain.

英语是他的高山。

上述例句将"英语"比作"高山",比喻要学好英语,必须费劲艰辛。

这样一来,"mountain"在西方文化中就只是指客观意义上的山,它只是代表一种风景,而并没有延伸出其他的象征意义,也不具备深刻的文化内涵。正如英国也是因为环海,所以更多的是海洋文化,而不会过多重视山的作用。

2. 汉语中的山文化

(1) 传达情感

汉语文化中,文学中对山的描绘也已经有很多典型的呈现,一直以来,就有很多文人墨客在他们的作品中对山进行描绘。他们用山传达情感，传达喜悦或者传达思念。山对于他们既是具体的，也是情感的寄托，山对于他们来说，已经不仅仅只是一种自然现象。例如：

山中咸可悦。赏逐四时移。

上面这句话出自沈约的《游钟山诗应西阳王教》，通过前文可以看出是人觉得登高才能看到美丽的景色，从而让内心产生审美愉悦的感觉。

（2）意蕴多样

汉语中对山文化的重视还体现在山这一形象所承载的意蕴之中，这种意蕴的表现并非是单一的，而是有很多种层次，并且是不断发展变化的。有时候，人们会将山与其他形象相结合来描绘不同的意象，也会给同一座山选取不同的对象进行组合展现全局的整体意蕴。总之，表现出的意蕴都是不同的，但各自都有十分抢眼的特征，令人叹为观止。

（3）意象传承

所谓意象传承，就是通过对事物的描绘来传达一些情感和思想或者观点与方法。这就是传承的意义。人们通过对山这一形象的描绘，可以传达出一种对坚韧不拔品质的追求，是对一种正直品格的向往，这就体现出意象的传承性，也是文化产生与发展的意义所在。

但是，在实际的意象传承中，人们总会走进一个误区，就是时常忘记山所表现出来的传承性与其客观存在的自然界是息息相关的，因此不能忽视它所具有的物理特性。人们应当具备一个常识，那就是认识到所有的山都是难以获得改变的，即使会出现一些细微的改变，但其大方向上是不会轻易变化的，所以其表现出的特征也是稳定的。

（二）英汉水文化比较

1. 英语中的水文化

（1）生命之源

人们熟知的诺亚方舟的故事，在这个故事中洪水摧毁了万物，让世界陷入艰难境地。而诺亚就从这种绝境中出现，拯救了大地万物，让大地重新获得了生机。因此，在这种背景之下，也催生了英语中的水文化。曾经，英国诗人在其作品中将大地开裂、草木干枯比喻人类信念的破灭，但是同样也萌生着一种对获取生机与水的渴望。在水文化中，希望的到来伴随着闪电与雨水。这便是人们对生命之源的最早描述。

（2）一种情感与诗化

很多西方国家的产生都与海洋有着密切的关系。尽管在西方国家的文学研究中并不存在海洋文学,但关于海洋的文学作品有很多。

中世纪,在盎格鲁-撒克逊的民族史诗《贝奥武甫》(Beowulf)中,也存在大海这一形象,但是在这一故事中,大海成了海怪的庇护场所,蕴藏着杀机与危险,也给人们带来了巨大灾难。

在阿拉伯民间故事《一千零一夜》的《辛伯达航海旅行的故事》中,主人公为了探求新的知识与财富,经历了艰难险阻。

2. 汉语中的水文化

(1) 比喻离别愁绪

"水"在汉语中发挥着重要的作用。运用水文化,能够表达离别愁绪。尤其是中国古诗更能体现水文化的这一特点。在古代,很多诗人为了表达自己的离别之情,通常会选取"江""海""湖"等水文化。这样能够将自己内心离别的愁绪展现出来。例如:

望江南
温庭筠

梳洗罢,独倚望江楼。

过尽千帆皆不是,

斜晖脉脉水悠悠,

肠断白蘋洲。

在《望江南》这首诗中,诗人将妇人盼望丈夫回家的情感用水文化展现出来。通过这种可知可感的文化,将自己所想表达的情感表达出来了。

除此之外,在古代还有很多诗人仕途坎坷,怀才不遇。为了更好地抒发自己内心的情感,很多诗人也会借助水文化来表达自己的情感。同时,将这种怀才不遇、坎坷情感与水文化相结合,更能突出诗人的无奈。例如:

虞美人·春花秋月何时了
李煜

春花秋月何时了?往事知多少。

小楼昨夜又东风,故国不堪回首月明中。

雕栏玉砌应犹在,只是朱颜改。

问君能有几多愁?恰似一江春水向东流。

在上述这首诗中,融入了"一江春水",更好地表达了诗人那时的思想和情感。

(2) 比喻爱情阻隔

在人类的文化心理中,流水不仅扮演着可爱的角色,有时也代表着可恨的角色。人的生活离不开水,因此很多人选择邻水居住,那么水边就成为男女相

会的场所。但是,古代的思想比较保守,很多时候男女不能私会。例如:

蒹葭

蒹葭苍苍,白露为霜。
所谓伊人,在水一方。
……

在《蒹葭》中,诗人利用"在水一方"表达了与伊人存在的距离。这种情感被"水"所阻隔,从而用水文化来比喻爱情因受到阻隔而变得更加艰难。

(3) 比喻时光流逝

"光阴好比河中水,只能流去不能回"想必大家并不陌生。很多人通常会将光阴与流水相结合,其目的就是强调光阴一旦失去,或流逝,就再也回不来了。也就是说,利用这种水文化让人们更加形象地感知到时光的流逝及短暂,使人们能够更加珍惜时间。

君不见,黄河之水天上来,奔流到海不复回。
君不见,高堂明镜悲白发,朝如青丝暮成雪。

上述阐述中,主要将人生与黄河水相结合,人身犹如黄河水,流逝了就永远流逝了。同时,利用"朝如青丝暮成雪"来形成头发白得快,强调时间过得很快,从而使人们更加珍惜时间,珍惜人生。

(4) 比喻万物依附的母体

纵观中国传统文化,很多传统文化都围绕"自然"来表达。这种利用山水等自然文化来表达情感的方式也受到诗人的喜爱。例如:

日月之行,若出其中;星汉灿烂,若出其里。

这句诗出自曹操的《观沧海》,通过大海的气势来表现一种波澜壮阔之感,也表达出作者的雄心壮志。

2、英汉山水文化的翻译技巧

(一) 英汉山文化的翻译技巧

1. 英语中山文化的翻译

通过上述内容可知,在英语中,山并没有特别丰富的文化含义,多是对客观事物的描写,对此在翻译时就可以采用直译法。例如:

Mother father is higher than the mountains, deep than thesea.

父恩比山高,母恩比海深。

2. 汉语中山文化的翻译

（1）直译

在汉语中，"山"的内涵丰富，尤其是文化内涵更是丰富多样。无论是如何来描述"山"，"山"所体现的物理性质和特征是不变的。对于西方人而言，理解山的这些特征，并不是一件困难的事情。因此，在翻译汉语中的山文化时，译者可以直接采用直译的方式对其翻译，只要将山的特征和文化表达出来就可以。

（2）着色翻译

除了直译以外，译者还可以利用山的颜色来进行翻译。众所周知，在我国，山的颜色会随着季节光照的变化而发生变化。译者在翻译山文化时，就可以根据这一特征对山进行不同的翻译，从而真正把握山背后的文化，更准确地表达出这种文化。

（二）英汉水文化的翻译技巧

1. 英语中的水文化翻译

水文化在英语表达中也比较常见。只有了解水文化在英语中具体表达形式——描写性，才能对英语中所蕴含的水文化进行系统分析。通常情况，英语中的水文化都比较通俗易懂，表达的情感也很容易体现出来。因此，在实际翻译过程中，很多译者会选择直译的方式来翻译英语中的水文化。例如：

Water is the eye of landscape.

水是风景的眼睛。

2. 汉语中的水文化翻译

（1）直译法

在翻译汉语中的水文化时，可以采用直译法，也就是说"水"可直译为water，river，stream，直译后"水"的文化内涵会基本得以保留。

（2）替代法

在汉语文化中，水的文化内涵十分丰富，很难直接用英语来表达，此时可以尝试采用替换法，这样可以有效消除语言障碍，还可以让读者感受到原文的意境。

（3）化隐为显

中国文人在创作时都有自己的方式。不管采用什么方式，都是为了表达自己的情感。很多文人在表达自己情感时，并不直观地将自己的情感表达出来，而是采用一种含蓄、委婉的表达方式。在翻译这类语句时，译者应该找出被隐藏的信息，然后采用化隐为显的方式将隐藏的信息挖掘和表达出来。

第四节　英汉东西风文化比较与翻译技巧

一、英汉东西风文化比较

（一）"东风""西风"在汉语文化中的内涵

"风"文化在汉语中也有着丰富的内涵。尤其是东风和西风的寓意有着一定的区别。通常情况下，中国人会用"东风"来表达一些好的事情，同时，还会将东风比喻为春风，这就足以看出东风的文化；通常会用"西风"来表达一些不好的事情，有时也会用西风表达一些寒冷或凋零的意思。例如，"只欠东风"这里借助"东风"来表达要成功地完成这件事情所需要的条件。不同的语境下这种"东风"所指的含义是不同的。在我国，很多诗人常常利用"西风"来表达一种凋零的情感，例如，"昨夜西风凋碧树"。

（二）"东风""西风"在英语文化中的内涵

英汉两种语言在很多文化方面都存在着很大的差异。英语文化中的东风和西风与汉语中的东风和西风有着不同的文化内涵。如前所述，在汉语文化中，东风表达的是温暖之意，西风表达的是寒冷之意。而在英语文化中，东西风所表达的意思是相反的。东风表达的是寒冷之意，西风表达的是温暖之意。这一文化差异主要与中西方地理位置有关。例如，

How many winter days I've seen him, standing blue nosed in the snow and east wind!

多少个冬日里，我都看见他，鼻子冻得发紫，站在冰雪和东风中！

在西方国家，西方人都比较喜欢西风，因为西风比较温暖，因此在实际表达中，很多人也会借助西风来表达一种温暖的情感。例如：

O, wind, if winter comes, can spring be far behind?

啊，西风，假如冬天已来临，春天还会远吗？

再如：

第六章 英汉生态文化比较与翻译技巧

> Sweet and low,
> Sweet and low,
> Winds of the westem sea,
> Low, low, breathe and low,
> Wind of the western sea!
> 轻轻地，柔和地，
> 轻轻地，柔和地，
> 西风吹来海风，
> 轻轻地，轻轻地吹拂，
> 西风吹来海风！

上述是英国诗人阿尔弗雷德·丁尼生（Alfred Tennyson）的诗句。

二、英汉东西风文化的翻译技巧

（一）直译

直译法能够将原文含义直观地呈现出来，从而使译入语读者快速接受、理解原文的信息。例如：

> It's warm wind, the west wind, full of birds' cries,
> I never hear the west wind but tears are in my eyes,
> For it comes from the west lands, the old brown hill,
> And April's in the west wind, and daffodils.
> 那是一种温暖的风，西风吹时，万鸟争鸣；
> 一听西风起，我眼眶中泪盈盈，
> 因为它是来自西土，那褐色的故乡边，
> 春天就在西风中到来，还有水仙。

这一例子主要采用的翻译方式是直译。直译这一翻译技巧能够给人一种直观、形象的特点。采用直译这一翻译技巧，更加直观地表达了诗人的思念之情，这种思念是对故乡的思念。

（一）意译

很多英语表达中都蕴含着丰富的文化内涵，仅依靠直译这一翻译技巧无法将这种文化内涵表达出来。这时就应该采用意译这一翻译技巧。意译可以将原文中所蕴含的文化内涵和思想情感表达出来，还有利于读者全面地了解原文作者的思路和情感。例如：

Thine azure sister of the spring shall blow.

Her clarion o'er the dreaming earth.

但一朝,你那东风妹妹回来,为沉睡的大地吹响银号。

本例采取意译法,将 sister of the spring 译为"东风妹妹",既与汉语的表达习惯相一致,又与诗歌主题"西风颂"相呼应。

第七章 其他英汉文化比较与翻译技巧

英语和汉语都涉及很多的文化，这些文化在很大程度上影响着英译汉两种语言的理解，同时对英汉翻译也有不同程度的影响。除了上述所分析的英汉文化以外，英汉文化还包括其他的方面，例如英汉委婉语、英汉色彩文化、英汉数字文化、英汉专有名词文化等，掌握这些英汉文化之间的差异以及翻译技巧，对理解英汉文化具有十分重要的意义。本章主要对这些英汉文化之间的差异进行了比较，并分别提出了相应的翻译技巧。

第一节 英汉委婉语比较与翻译技巧

一、英汉委婉语比较

(一) 委婉语的功能比较

1. 避俗求雅功能

生活中总是有一些诸如分泌、排泄、怀孕等生理现象，有关性的身体部位及行为等让人难以启齿但又每天都要遇到和提及的事物和状况。因此不论是说英语的人还是说汉语的人，都要想方设法创造出各种得体的委婉语取而代之，以显得文雅不粗俗。英汉语言都有相当多的委婉表达，而且不同的人有不同的委婉方式。如英语中男人上厕所称为 go to restroom，女人上厕所称为 powder one's nose，大人上厕所称为 go to W. C.，孩子上厕所所成为 make number one；汉语中男人上厕所所称为"解手"或"放水"，女人上厕所所称为"去洗手"或"去化妆"。对于性生活，英语用 make love, make it, sleep together 等来指代；汉语则用"房事""云雨""睡觉"等来指代。

2. 礼貌功能

在语言交际中礼貌必不可少,委婉语的使用能让人感到以礼相待,互相尊重,是建立良好的人际关系的基础。英汉两种语言都采用模糊语、回避法或商量的语气来达到贬义褒说、以轻言重的委婉礼貌的目的。对别人做出评价时,尤其对于别人的弱点,常常要进行模糊和美化处理。老板解雇员工时为了照顾员工的面子,英语说 discontinue his service(终止他的服务),汉语说"重组掉了"。对于不赞同的观点,英汉语言都会用回避方式进行模糊处理。

3. 掩饰功能

英汉语的掩饰功能主要体现在政治和社会问题方面。这些涉及政治及社会问题方面的委婉语有一个共同的功能,即词语的使用脱离或美化了事实。英语中有大量的运用在政治方面和社会问题方面的委婉语,如 conflict(冲突)实指 war(战争),the peace keeper(和平维护者)实指 missile(导弹),close air support(密切空中支援)实指 bombing raids(轰炸袭击),同时贫民窟 slum 被称为 substandard housing(低标准住宅),把 bankrupt(破产)说成 out of the game(输了)。汉语中也有一些,如"失业"称为"下岗",含性激素的药称为"春药",小偷称为"梁上君子"等。

(二)委婉语的表达比较

1. 英汉关于"老年"的委婉语比较

年龄,无论是在中国,还是在西方,都具有很高的话题度。在表达"老年"这一年龄时,如果采用比较直观的表达方式,会让人难以接受。因此,人们在用英语或汉语表达中通常会采用委婉语的表达方式,这样可以避免尴尬,凸显对"老年"的一种尊重。

(1)英语中关于"老年"的委婉语

在西方,"老年"是比较忌讳的表达。这与西方国家的社会发展、老龄化背景等有关。因此,在实际表达过程中,人们就应该了解"老年"在西方国家的文化内涵,并采用委婉语的形式来表达"老年"。具体的表达方式并不只有一种,而是有很多种。

①对于"老了"或"老年"的委婉表达。例如:

an adult community　退休村,老人区

senior citizens　年长公民

②对于"老者"的委婉表达。例如:

distinguished gentlemen(本义)　尊贵的先生;(委婉义)老人

golden ager 尤指退休老人。(这是 20 世纪中期出现的委婉说法,其中的

golden 是源自 golden anniversary 50 周年纪念。)

（2）汉语中关于"老年"的委婉语

汉语中关于年龄的委婉语不及英美文化中丰富，在书面表达中通常有"鹤发""华发""夕阳红""忘年交"等说法。

在中国，有很多高尚传统和美德。其中，孝敬老人就是其中最为典型的美德。同时，中国也有很多赞扬老年人的词汇，例如老当益壮等。在实际表达中，很多人对老年人的称呼都是尊称，这也显示了人们对老年人的尊重。

在汉语文化中，"老"的内涵丰富，不仅可以表达一种尊称，还可以表达一种敬称，例如，杨老、王老、颜老等。需要指出的是，这种表达通常是对一些德高望重的人的称呼。

除此之外，"老"的内涵还有很多，例如，表达的是资历高、经历丰富等，例如，老师傅、老技工、老讲授等。

当然，"老"字现在还被广泛应用于和传统意义有区别的表达中。例如，"老外"用于指外国人或外行人，"老编"指编辑等。在汉语家庭文化中，有时称"老妈""老爸""老姨"等以表亲昵。

2. 英汉关于"失业"的委婉语比较

（1）英语中关于"失业"的委婉语

西方国家的社会竞争也普遍存在，失业现象也在所难免。关于"失业"委婉语的运用不仅能美化失业这一现象，而且还能给失业者的心理带来莫大的慰藉。英语中较为常见的失业委婉语的表述有很多。例如：

将 unemployed（失业的）委婉地表述为 unwaged（不发工资的），the less fortunate（不太幸运的人）

（2）汉语中关于"失业"的委婉语

在中国古代，失业和官员有关，因此现代汉语中关于失业的词语大都来源于古代官员的辞职、免职。常见的关于失业委婉的表达也有很多。例如：

"炒鱿鱼"：鱿鱼经炒后成卷状，用以喻指"卷铺盖"，婉指解雇、被辞退。

"告养"：辞官的婉辞，意谓父母年高，告归奉养。

"避禄"：回避俸禄，婉指辞官。

近年来，用于表示没有工作的委婉说法也层出不穷，如"待岗""下岗""缓岗"等都是表示目前处于失业状态。最为诙谐的说法"海归（龟）变海带"，它其实是借谐音指代达到实效，"海带"在这里自然不是人们通常所说的食物而是"海归派待业青年"。

3. 英汉关于"贫穷"的委婉语比较

(1) 英语中关于"贫穷"的委婉语

西方人认为贫困象征自己的技术、能力、地位等都比不上其他人，甚至有被人瞧不起的意思。因此，在实际表达中，人们很少直接表达贫困，而是利用委婉语的方式来将其表达出来。例如：

to be pinched　捏紧的

to be badly off　景况不好的

needy　有需要的，匮乏的

(2) 汉语中关于"贫穷"的委婉语

在中国社会，贫穷意味着技不如人，就连在社会上的地位都不如其他的人。贫穷的人也不喜欢别人直接说的贫穷。因此，在用汉语表达中"贫穷"时，最好也不要直接表达出来，这样很容易伤他人的自尊心。而是应该采用一种委婉的方式表达出来。例如：

"揭不开锅"婉指因贫穷而断炊。

"负翁"指负债累累的人。

"拮据"本指操作劳苦，后引申为缺少钱财、经济窘迫的婉辞。

二、英汉委婉语翻译技巧

(一) 直译法

当英语委婉语和汉语委婉语在形式和内涵上非常相似时，就可以用委婉语来翻译委婉语，也就是直译。这不仅保留了源语的形式特色，还再现了源语的文化内涵。例如：

The old man lay taking his rest after a life of bitter hard-ship.

这位老人含辛茹苦了一辈子，现在安歇了。

在上述例子中，take one's rest 的真实含义是"死亡"，而按照字面意义翻译就是"安息，休息"，这在汉语中也是"死亡"的委婉语，因此这里采用直译法较为妥当。

(二) 舍弃形式意译法

众所周知，英语和汉语属于不同语系，两种语言在表达方式、表达习惯、表达禁忌等方面都存在着很大的不同。在翻译过程中，英语和汉语中委婉语的使用并不是对应的。也就是说，很多英语中的委婉语在汉语中是找不到与之对应的委婉语的，这时就不能采用直译的方式，而应该采用意译的方式。意译这一翻译技巧，注重的是原文作者思想和意图的表达，并不是将原文中的外在表达形式呈现出来。这就是利用舍弃形式，最大化地将原文中作者的思想、情感和意图表达出来。例如：

He likes white meat, but I prefer dark meat.

他喜欢吃鸡脯，而我喜欢吃鸡腿。

在这一例子中，出现了两组短语，即"dark meat"和"white meat"。在翻译过程中，译者如果采用直译的方式就只能将这两组短语翻译为"黑肉"和"白肉"。这种翻译很难使读者理解短语的真正意思，这也不利于原文作者思想和情感的表达。如果采用意译的翻译技巧，就可以将上述短语翻译成"鸡脯"和"鸡腿"，这就很容易使读者明白这两组短语的意思。

You're taking it too hard. there's no disgrace in being a love child.

你对这事看得太严重了，私生子并不丢人。

在西方文化中，love child 是极具浪漫色彩的"爱情之子"，而在汉语言文化中对"私生子"却并没有那么开明容忍，因此对本例进行翻译时就了进行如上处理。

(三) 增译/加注法

有时仅仅译出委婉义（或本义）还不足以传达原文的内涵，需要加注补出本义（或委婉义），进一步解释说明。例如：

In the blue grass region, a paradox was born: The corn was full of kernels and the colonel full of corn.

在肯塔基州出现了——一个似是而非的怪现象：玉米上长满粒，上校身上也是粒。

（注：这首小诗中上校指的是农民。因为美国没有世袭的贵族封号，于是创造了一系列尊称来寻求安慰，"上校"最为常见。本文讽刺了名为"上校"，实为农民的社会现象。）

在上述例子中有一个"colonel"，是很难翻译的，如果翻译不好，很容易引起误解。在上文的翻译中，译者将这一单词翻译成"上校"。如果只有译文，而没有注释或解释，就不利于读者的理解。而在翻译过程中，译者不仅对其进行了翻译，还对其进行了解释说明，这对读者的理解和掌握具有很大的帮助作用。需要指出的是，在这一例子中，译者如果采用直译的方式就会将这一单词翻译成"农民"，这不利于读者的学习和理解。

（四）综合/变通翻译法

在翻译过程中，如果采用直译法或意译法都无法将原文中作者的思想和情感表达清楚或表达完整，就不能直接采用直译法或意译法，这时可以采用综合翻译法或变通翻译法。

综合翻译法，可以采用多种翻译方法。同时，翻译形式也不拘泥于一种，而是可以采用多种表达形式。在综合翻译法中，解释说明、补充说明、注释等都可以融入其中。在翻译英语委婉语的过程中，译者可以采用这一方法进行翻译，这样可以翻译出更加好的译文。例如：

Having to polish the back of your belt buckle is a lot of CS.

皮带扣子反而还得擦，真是脱裤子放屁，多此一举。

（说明：CS 是禁忌语 chicken-shit 开头两个字母的缩写，在此用作委婉语。）

在上述这一例子中有一个缩写词 CS，在翻译的过程中，译者不能将这一缩写直接置于译文中，因为这样不利于读者的学习和理解。只有对这一缩写进行进一步解释说明，才能使读者更加透彻地理解这一词汇，也才能使读者更加准确的理解译文。

上述对英语和汉语中所涉及的委婉语进行比较。从两种语言的比较中可以知道，英语和汉语是两种不同的语言，两者在委婉语表达中存在着相同之处，同时也存在着不同之处。

在委婉语的翻译中，并没有一成不变的译法，需要灵活加以处理。由于英汉委婉语存在着种种语言特点差异和文化价值差异，委婉语的翻译成了一个棘手的问题，没有固定规律可循，关键在于译者要对委婉语文化和语境准确把握，保证委婉语的意义和风格在译文里充分再现。

第二节　英汉色彩文化比较与翻译技巧

一、英汉色彩文化比较

（一）英汉色彩词的构成比较

1. 英语色彩词的构成

英语中的色彩词主要包括两大类：简单色彩词与合成色彩词。

简单色彩词在英语中发挥着重要的作用。很多关于英语色彩的句子都是由简单的色彩词组合而成的。了解简单色彩词的分类，对理解英汉色彩词的构成具有很大的帮助。

第一种类型是基本色彩词，这是简单色彩词的重要组成部分。例如，white，red，yellow 等这些色彩词就属于基本色彩词。

第二种类型是与动物相关的色彩词。例如，peacock 的意思是孔雀，将其当作色彩词，可以表示孔雀蓝。

第三种类型是与植物相关的色彩词。例如，olive 的意思是橄榄，将其当作色彩词，可以表示橄榄色。

第四种类型是与矿物相关的色彩词。例如，copper 的意思是铜，将其当作色彩词，可以表示铜色。

第五种类型是与珠宝相关的色彩词。例如，emerald 的意思是绿宝石，将其当作色彩词，主要表示的颜色是翡翠绿。

第六种类型是与食物有关的色彩词。例如，butter 的意思是黄油，将其当作色彩词，可以用来表达鲜绿的意思。

第七种类型是与自然现象有关的色彩词。例如，flame 的意思是火焰，当其当作色彩词，可以用来表达鲜红的意思。

在英语中，除了很多简单色彩词以外，还有很多合成色彩词。这些色彩词主要通过合成的方式形成。整体而言，通过合成方式形成的色彩词，主要由以下几种类型。

（1）由动植物名、地名、人名等加上基本色彩词构成的色彩词。例如：

olive gray　橄榄灰

（2）由形容词加上基本色彩词、化学物质名、植物色彩词等构成的色彩词。例如：

deep cobalt　深蓝色

（3）由基本色彩词加上基本色彩词、形容词、名词等构成的色彩词。例如：

orange pale　淡白橙色

red wood　红棕色

2. 汉语色彩词的构成

在汉语中，色彩词主要包括独立构成的色彩词与由词根色彩词加上修饰成分而构成的复合色彩词两类。

第一种类型是独立构成的色彩词。这类色彩词主要突出的是其独立性。同时，独立色彩词并不是一成不变的，可以通过在独立构成的色彩词的前面增加一些合适的定语，这样独立构成的色彩词就会形成另外一种新的色彩词。通常情况下，将这种增加定语形成的色彩词，叫作词根色彩词。词根色彩词，不仅研究独立构成色彩词增加定语的相关内容，还会研究基本色彩词。

第二种类型是复合色彩词。复合色彩词主要是在词根色彩词的基础上增加一些修饰成分。通常情况下，很多复合色彩词的形成，都是在基本色彩词的基础上形成的。

(二) 英汉色彩词的文化内涵比较

1. 英语 red 与汉语红色

(1) 英语中的 red

在英语中，红色主要用 red 来表示。Red 与汉语中的红色有着一定的相同之处。例如，英语中的 red 和汉语中的红色都可以表示喜庆的意思。例如：

red-letter days　纪念日，喜庆的日子

在西方，红色还被用来表示信仰，有时表达博爱献身时也会用红色这一色彩词。

在英语中，红色还可以表示激进、暴力革命的意思。例如：

red revolution　赤色革命

red hot political campaign　激烈的政治运动

由于人们习惯用红笔来登记负数，因此英语中的红色也可以指"负债""亏损"。例如：

in the red　亏损

(2) 汉语中的红色

在中国，红色是一种比较受人欢迎的颜色。传统文化赋予了红色很多意思，例如喜庆、欢乐、吉祥等。例如，在中国婚礼中常常能见到很多红色的东西，例如，红色的喜字、红色的被子、红色的礼服等，整体的色彩颜色就是红色。又如，在我国春节，人们也会贴红色的窗花，点亮红色的灯笼等。

正是因为红色在中国广受欢迎，其有很多美好的寓意。因此，在汉语中，很多与"红"相关的词汇，也都是褒义词，表达的是一种好的意思。例如，开门红，强调的是在工作第一天就取得了很多的成绩；发红包，强调的是发钱。

除此之外，还需要强调的一点是，红色在使用过程中常常会与火、血结合在一起，因此，革命也通常与红色相联系。例如，红色革命、红色文化等。同时，"红"还有一种特殊的意思，主要指的是女性，尤其是年轻的女性。最为常见的词汇是红颜知己。

2. 英语 purple 与汉语紫色

（1）英语中的 purple

英语中 purple 也是一个常见的色彩词。从英语文化中可以知道，purple 有着褒义词的意思，它主要用来表达高贵的色彩。具体而言，purple 可以表示不同的文化内涵，下面对其进行具体分析。

①表示高雅、优雅、荣耀等意思。除此之外，purple 还可以表达其他的意思，如高官头衔的人。具体举例如下：

marry into the purple　嫁到显贵人家

purple passion　暗中被爱着的人

②表示华丽、智慧。例如：

purple prose　风格华丽的散文

（2）汉语中的紫色

在汉语中，紫色是由两种不同的颜色混合而成的，第一种颜色是蓝色，第二种颜色是红色。显然，紫色并属于基本色彩词的范畴。中国文化对紫色也有一定的研究，它的文化内涵也很丰富。

在我国古代，紫色也具有很高的地位，通常被帝王将相所采用。例如人们所熟悉的紫禁城，用的就是"紫"，体现了紫的高贵之意。

3. 英语 white 与汉语白色

（1）英语中的 white

white 在英语中表示白色，主要用来表达的是纯洁之意。众所周知，西方人在结婚时喜欢穿白色的婚纱或礼服，这就说明了白色蕴含着纯洁的意思。在西方婚礼中穿白色，主要是希望新娘和新郎的爱情能够一直纯洁。

另外，white 还有其他含义。例如，欢乐的意思。最被大家所熟知的英语表达 a white Christmas 中，就利用 white，表达的是欢乐的意思。

white 还可以表示善意的意思，例如，a white day，并不是表示白色的一天，而是表示"吉日"的意思。

（2）汉语中的白色

白色在汉语中有着多层意思。不同的意思表达的文化内涵也是不同的。这些文化内涵是多样化的。通过学习传统文化，可以知道，白色通常用在丧事的表达中。最为常见的汉语词汇是"红白喜事"。在中国传统文化中，举办丧事通常会穿白色的衣服，这些都说明白色与丧事之间存在着一定的联系。

在汉语表达中，白色也有白昼的意思，例如白天；也有坦诚的意思，例如清白等。

需要指出的是，在中国文化中，白色并不只是褒义词，它还有贬义的意思。例如，白色政权，就是白色所表达的负面意思。

除此之外，白色在中国文化中还有其他层次的意思。例如，用"白痴"来表示智力存在问题；用"白干活"来表示所做的无用功，没有起到任何效果。

汉语中的白色不仅具有褒义和贬义含义，还有中性意义，表示"明白、清楚"。例如，"不白之冤"是指难以洗雪、无法破解的冤情；"大白于天下"意为找到事实真相，并公之于众。

二、英汉色彩文化翻译技巧

（一）直译

英语和汉语的颜色词基本可以分为三类：基本颜色词、实物颜色词和色差颜色词。英汉民族对基本颜色词的分类基本相同，也就是说，英语的基本颜色词有 red，white，black，green，blue，yellow，purple。而与这些颜色词相对应的汉语颜色词有红、白、黑、绿、蓝、黄、紫。就所反映的色彩的物理属性来看，这些英汉基本颜色词的词义基本一致。因此，当英语中的某个颜色词和汉语中的某个颜色词在语义上是相同的时候，译者在翻译的时候就可以保留颜色词进行直译。例如：

red rose　红玫瑰
black market　黑市
yellow brass　黄铜

（二）改换色彩词

不同的民族，由于历史文化、生活地域、风俗习惯、宗教信仰等的不同，使得对同一事物的认识上也存在着差异。有些事物在一种语言文化里具有丰富的内涵和外延，且能引起美好的联想，而在另一种语言文化里却平淡无奇，毫无文化意义。翻译这种文化的个性和差异时需要进行变通处理，即把源语中带有文化色彩的词语（物象）转换成译语中带有同等文化色彩的词语（物象）。例如：

black tea　红茶（而不译为黑茶）
black and blue　青一块紫一块（而不是青一块黑一块）

（三）意译

在英汉翻译中，有很多色彩词是不能只通过这一方式来翻译的。因为直译无法表达出色彩词更深层次的意思。除了直译以外，译者可以采用意译这一翻译技巧。在英汉翻译实践中，译者可以采用增加色彩词或去掉色彩词的方式来进行意译，从而将原文作者想要表达的思想和意图都准确完整的表达出来。

1. 去掉色彩词意译

在英汉翻译中，并不是所有的情况都可以将色彩词去掉。只有满足一定的条件，才能在翻译中去掉这些色彩词。例如，色彩词在英语句子的习惯表达中表示的引申义，在翻译的时候就可以将色彩词去掉，采用意译的方式对英语原文进行翻译。例如：

I dislike Tom, for he is a yellow dog.

我讨厌汤姆，他是个卑鄙小人。

2. 添加色彩词意译

在英汉翻译中，并不是所有的句子都可以增加色彩词。只有在一定情况下，才能采用增加色彩词的方式进行翻译。例如，有些句子表达的意思是有色彩词的意思，但在原文中并没有出现色彩词，这时译者就可以根据原文的思想和意图将色彩词加上，从而将原文所要表达的意思准确地表达出来。例如：

make a good start　　开门红

wedding and funeral　　红白喜事

（四）解释性翻译法

除了上述翻译技巧以外，在翻译色彩词的过程中还可以采用解释性翻译法。这一方法比较适用于文化内涵比较丰富的色彩词的翻译。同时，利用这一方法有利于读者更好的地理解原文作者的思想和意图。例如：

yellow Journalism　　黄色新闻编辑作风（指不择手段地夸张，渲染以招揽或影响读者）

第三节　英汉数字文化比较与翻译技巧

一、英汉数字文化比较

（一）three——三

three 在西方主要表达的是"三"的意思。在西方人看来，这个数字是一个吉祥、完美的数字，通常情况下，西方人用这个数字表示圣洁的意思。纵观西方文化，可以发现，与 three 相关的短语、故事等有很多。另外，还需要指出的一点是，在西方人日常的交流和表达中，three 也是一个常用的数字，这一数字通常表达的是吉利的意思。西方人往往用 three 来表示一些好的事情或一些好运。例如：

All good things go by threes.

一切好事以三为标准。

除了上述分析以后，西方文化中的 three 还有其他的意思，有些意思都是引申出来的。例如：

three sheets in the wind　　醉得东倒西歪

在中国文化中，数字"三"属于奇数的范畴。通常人们也是用"三"来表示一些吉利、吉祥的意思。纵观数字文化的发展，数字"三"在中国传统文化中应用也比较多，且大多数都表示吉祥的意思。"三纲"在中国文化中比较常用。

（二）four——四

在西方文化中，four 通常表示的意思是"四"。从西方文化中关于 four 的起源、发展和含义可以看出，four 通常用来表达物质世界的构成。

在中国文化中，数字"四"有着丰富的内涵，有些内涵与英语文化中的 four 有着一定的差异。了解汉语文化中的数字"四"的内涵，对理解英语文化中 four 有很大的帮助。通常情况下，汉语中"四"是一个完整的概念，数字"四"有安定昌盛的意思。

除此之外，还需要指出的是，在汉语文化中的"四"与汉语中的"死"是谐音字，因为"死"是中国人所避讳的，因此，中国人也会避讳数字"四"的使用。

（三）six——六

在西方，six 并不是一个受欢迎的数字。six 通常表示不吉祥的意思。可以说，six 在西方是不受欢迎的。同时，与 six 有关的词汇或短语所表达的意思往往也含有贬义的意思。例如，six penny 这个短语所表达的意思是不值钱的。

中国文化中的"六"与英语文化中的 six 在文化内涵方面存在着很大的差异。汉语中的"六"往往表达的是吉祥、和谐的意思。例如，六六大顺。

人们在日常生活中对"六"也很喜爱。在农村，人们喜欢在农历的初六、十六、二十六等举行婚礼。中国人对数字"六"的喜欢在很多方面都有体现，如人们在选择自己的手机号码和车牌号时，对尾号或其中带有数字"六"特别青睐。人们希望用这些号码为自己讨一个好运，希望自己能够一切顺利。

(四) seven——七

在西方文化中，数字 seven 是受人欢迎的和崇尚的。从《圣经》中的"一周七天"可以看出西方人十分喜欢数字 seven。

英语文化中的 seven 通常表达的是积极的意思，这种表达通常蕴含着快乐的寓意。从很多与 seven 的短语中可以看出，seven 所表达的含义大多数都是褒义的。例如：

The Seven Virtues　七大美德

从中国文化关于数字"七"的研究知道，这个数字被赋予了神秘的含义。最为常见的是例子是光谱中有七个谱。

在中国人的表达中，数字"七"通常表达的是消极的意思。在中国，婚姻嫁娶通常都不会选择带有数字"七"的日子。即使在日常的饮食中，中国人饭桌上的菜的数量也会避开数字"七"。究其原因，主要是中国人追求圆满，而在日常的表达中，中国人比较喜欢偶数，无论是走亲访友还是婚姻嫁娶，中国人通常都会选择偶数的日子。

需要指出的是，中国人不仅将数字"四"与"死"联系在一起，中国人也会将数字"七"与死亡相结合。最为常见的例子是，在人死后的七天，中国人会将其称之为"头七"。

除此之外，汉语中的数字"七"还会与数字"八"相结合，例如，七上八下，七嘴八舌等。

二、英汉数字文化翻译技巧

(一) 普通数字词的翻译技巧

1. 直译

普通数字词在英语翻译中比较常见。根据英语句子所表达的意思，译者可以采用直译的方式将其翻译出来。直译就是将原文中的数字词对等地翻译出来。例如：

One day apart seems three autumns.

一日不见如隔三秋。

2. 改写法

众所周知，每种语言都有其背后的文化内涵，英语和汉语也不例外。同时，英语和汉语也有特定的表达习惯，这些都是译者在翻译过程中应该注意的问题。在翻译数字文化时，译者可以采用改写法进行翻译，这样能够将原文中数字词所想要表达的文化准确地表达出来。

（1）替换数字

由于存在文化差异，英汉两种语言中的数字表达并不完全对应，这时可以根据具体情况转换原文的数字来进行翻译。例如：

think twice　　三思后行　　in threes and fours　　三三两两

（2）省略数字

有时，在对英汉数字进行翻译时，可以采取省略法，即原文中的一些数字省略不翻译，以符合目的语的语言表达习惯。例如：

She is a second LeiFeng.

她是雷锋式的人物。

The children were in the seventh heaven with their new toys.

孩子们有了新玩具都高兴极了。

（3）增加数字

在翻译过程中，有时可以在译文中增加一些数字，从而使译文表达更为形象、生动。例如：

Enough, enough, my little lad! Such tears become thin eye.

童子无复道！泪注盈千万。

3. 意译

英语作为国际通用语言，其背后有着丰富的文化，同时也有自身的表达习惯。在翻译过程中，很多译者都比较喜欢直译的方式。但在有些情况下，仅仅采用直译的方式无法将数字词背后的文化表达出来，同时译文也不容易被读者理解。对于这种情况，译者可以采用意译的翻译技巧。例如：

It's none off my business.

管他三七二十一。

4. 借用法

英语和汉语属于不同的语系，尽管在表达方式、思维方式、行为习惯等方面存在着很大的差异。但也并不是没有共同之处。在有些数字的表达中，其内容、形式会存在着一些相似之处，这种相似性主要体现在意义和修辞两个方面。对于这种情况的数字词的翻译，译者在保证原文思想和意图正确表达的情况下可以采用借用法。例如：

It is six of one and half a dozen of the other.

半斤八两。

5. 转换翻译

数字词的内涵是丰富多样的，除了实指义以外，数字词还可以表达虚指义。实指义在翻译的过程中比较简单，只要将数字词所表达的意思翻译出来即可。而对于虚指义而言，就比较复杂一些。这些数字词比赋予不代表自身数目的其他的文化含义。当遇到数字词表达的是虚指义的时候，译者必须能够知道这些数字词所想要表达的意思，然后采用转换翻译的技巧将这一意思表达出来。例如：

Seventy times has the woman been abroad.

这位女士不知出了多少次国了。

（二）概数的翻译技巧

所谓概数，是指用来表示简略、大概情况的数字。下面就列举一些翻译概数时的方法。

1. 表示"大约""上下""左右"等

表示"大约"含义的数目指的是围绕特定数目以及比特定数目或多或少的数目。汉语中一般是在数词前加上"约""大约""大概""约计"等词，或在数词后加"左右""上下"等词表示。英语则是在数词前加 nearly, roughly, about, some, around, approximately, more or less, in the region of, in the neighbourhood of 等词，或在数词后加 or so, or thereabout, in the rough 等。例如：

three weeks or so　　大约三周

about fifty people　　大约五十人

There are approximately eight hundred hooks on the shelf.

书架上大约有800本书。

2. 表示"多于"或"多"

英语文化中概数是比较常见的。概数的类型有很多，这里所要探讨的是关于"多于""多"的概数的翻译。译者在翻译这类概数时要明确这些概数的内涵，并根据其所表达的内涵进行翻译。例如：

There are five thousand odd students in that middle school.

那所中学有5 000多名学生。

需要指出的是，英语文化在表达"多"的内涵时还可以采用具体的数字，例如：

We have a hundred things to do.

我们有许多事情需做。

3. 表示"相邻"

在英语文化中，要想表达"相邻"的含义，可以选用两个相邻的数字。这种相邻的含义通常表达的是不确定的数目。同时，在表达过程中，两个相邻的数字之间需要连接词来将这两个数字词连接在一起，or 就是比较常用的连接词。例如：

two or three   两三个

three thousand or four thousand   三四千

4. 表示"刚好""整整""不多不少"

在英语文化中，也有很多表示整整、刚好的意思。在翻译这类概数时，译者应该根据概数所表达的含义进行翻译。例如：

The teacher visited cool 40 students the whole day.

那位教师一整天走访了整整 40 个学生。

5. 表示"不到"或"少于"

表示比特定数目小或少的数目，汉语中通常是在数词前加"小于""少于""低于""不及""不到""不足"等词，或在数词后加上"以下""以内""以里"等词。英语中则通常是在数词前加 less than，under，below，off，or less，fewer than 等。例如：

below zero degrees Celsius   摄氏零度以下

The boss gave her two hours or less.

老板最多给了她两个小时。

6. 不定数量短语的译法

除了上述概数的翻译以外，还有一种情况是译者应该注意的，即不定数量短语的翻译。这种情况不仅包括数字词，还包括一些介词。另外，这种不定数量的短语还会表达一种其他的意思，即某种事物的一种状态。例如：

by halves   不完全

第四节　英汉专有名词文化比较与翻译技巧

一、英汉专有名词文化比较

（一）英汉人名文化比较

1. 英汉人名姓氏来源比较

（1）英语人名姓氏的主要来源

英语民族对于姓的选择有很大的随意性，具体如下所述。

①源于自然现象。英美人的姓氏有不少源于雨、雪、风、霜等自然现象，并且会用其谐音翻译。例如，Snow（斯诺），源于"雪"这一自然现象。

②源于动植物名称。西方不少姓氏与动植物的名称有关。例如，Drake（德雷克），是"公鸭"的名称。

③源于父亲的姓。一些西方人喜欢在父名上加前缀或后缀构成姓氏。例如，Macarthur（麦克阿瑟），是由父名 Arthur 加上前缀 Mac- 构成的姓氏。

④源于地理特征。众所周知，不同国家有着不同的地理环境。不同的地理环境使人们的生活也有着显著的差异。在西方姓氏文化中，西方人会将地理特征融到姓氏中，因此，西方国家中的很多姓氏都是由地理特征转化而来的。例如，Ford（福特），表示"可涉水而过的地方"。

⑤源于职业。一份职业既可以成为人们生活的来源，又代表着人们的能力，以及收入水平。实际上，无论人从事哪种职业，其地位和身份都是平等的，并没有贵贱之分。在西方文化中，很多姓氏都来自职业。例如，Miller（米勒），表示"磨坊主"。

（2）汉语姓氏的主要来源

①源于居住地名。纵观中国的姓氏来源，有很多姓氏来源于居住的地名。最为常见的是东门这个姓，随着这个姓的广泛应用，后来这个姓应用的就越来越普遍。

②源于官职。在中国文化中，有一些姓氏也来源于一些官职，这些姓氏有单字的姓氏，如粟，也有复字的姓氏，如司马，这些在中国姓氏文化中都比较常见。

③源于职业。宗法制的典型特点是：利用父系关系的亲疏来决定土地、财产和政治地位的分配与继承。中国古代实行的就是宗法制度，所以子承父业是极为普遍的现象。之后，很多技艺都遵循这种传递沿袭规则。于是，一些后代直接就以某种职业、技艺为姓。例如，"屠、屠羊"姓，源于世代相传的杀牛宰羊的技艺。

2. 人名结构比较

英汉人名在结构上存在一定差异。

（1）西方人名结构

在人名的结构方面，西方人名结构与中国人名结构是不同的。在西方文化中，姓名中的姓是在后面的，名是在前面的。通常情况下，英语人名主要有三个部分组成。第一个部分是教名，第二个部分是中间名，第三个部分是姓。教名和姓氏需要写的，而对于中间名而言，可以忽略不写。

(2) 中国人名结构

中国人名与西方人名的结构是不同的。在中国文化中，中国人名的顺序是姓在前面，而名在后面。中国人名常见的结构主要有姓和名的组合，还有姓、辈分和名的组合，无论哪种组合形式，中国人名的结构都是姓在前面，名在后面。

需要强调的一点是，随着社会的进步和发展，人们的思想和观念也发生了很大的变化。这种思想和观念的变化也体现在了人名的结构上。很多人在起名时，不再加入家族的辈分。

总体而言，中国的人名结构主要有两种，第一种是两个字的姓名，也叫隐性名；第二种是三个字的姓名，也叫显性名。

3. 英汉人名蕴含的价值观比较

(1) 英语人名蕴含的价值观

在西方文化中，主体和客体并不是联系在一起的，而是相互对立的。西方人注重个性的独立和发展，他们更加追求个人价值和个性发展。这种价值观也被应用于人名中。在人名中，姓氏代表的是一种群体，而名代表的是个体。基于西方人追求个人价值和个性的价值观，西方人会将姓排在名的后面。

(2) 汉语人名蕴含的价值观

在中国文化中，姓被赋予了种族延续的意义。众所周知，中国人十分重视种族以及种族的延续和发展。中国人认为姓属于群体的范畴，它是同一姓氏种族的延续，应该至于名的前面。

由此可见，中国文化注重群体，将群体置于首位，将个体排在后面。正是因为这一价值观的影响，中国人名的结构是姓在前面，名在后面。

(二) 英汉地名文化比较

1. 英汉地名文化来源比较

(1) 英语地名文化来源

①来自普通名词

在英语文化中，地名的来源有很多，其中有一些特殊的地名是来自普通名词的。并不是所有的普通名词都可以作为地名，而是一些具有特殊地形特征的词才可以作为地名。

来自普通名词的地名如 Syria，这个词原意表示的是平原的意思；Chad，这个词原意表示的是湖泊的意思。

②来自山河湖泊

在英语文化中，也有一些地名来源于山脉、河流和湖泊。这类地名有很多,下面选取几个比较典型的例子进行简要分析。

来源于山脉的地名,最为典型的例子是 Nevada。

来源于湖泊的地名,最为典型的例子是 Nevada。

③来自动物

英语文化中也有一些地名是从动物中取名的。最为常见的是 Azores Islands,这一地名译成汉语是亚速尔群岛。这一地名的由来主要是源于海鹰这一动物。

④源自移民故乡

西方国家有很多的移民现象。这些移民从自己的国家移到另外一个国家。在这个新的国家,很多移民就会对这一新的地方进行命名,而这种地名的命名很多都来自自己的故乡。例如,New York 这个地名就是来源于移民故乡,被译为纽约的意思。

⑤来自美好愿望

在西方国家,也有一些地名是来源于美好的愿望。最为常见的地名是 Pacific Ocean,通常被译为太平洋。从太平洋的表面意义来看,它有平静、和平的意思。用这一名字命名主要体现了人民对美好的憧憬与向往。

(2) 汉语地名文化来源

汉语地名有很多的来源。正是因为如此,汉语地名种类繁多。了解汉语地名的来源,对理解汉语文化、对比英汉文化都具有十分重要的意义。

①来自方位和位置

中国地名文化中有很多以方位命名的地名。比较常见的地名有山东、河南、广东等。

除此之外,中国地名文化中还有依据阴和阳命名的地名。比较常见的有洛阳、衡阳。洛阳主要是在水的北边而得名,衡阳主要是在山的南边而得名。

无论是方位为命名依据,还是位置为命名依据,在中国地名中都比较常见。

②源自动植物

在中国,以动物和植物为依据进行命名的地名也有很多。以动物为依据命名的地名有凤凰山。以植物为依据命名的地名有桃花庄。

③源自河流、湖泊

纵观中国的地名文化,有一些地名主要来源于河流,也有些地名来源于湖泊。例如,四川的命名就属于这一来源。

④来自姓氏、人名

姓氏来源是中国地名的一个来源。姓氏代表着对宗族的重视。以姓氏命名的地名有很多，比较常见的地名有石家庄、邵庄等。这种地名主要是以人的姓氏为依据进行命名的。

除了姓氏命名以外，中国文化中还有很多以人名来命名的地名。通常情况下，这些地名的人名来源主要是英雄人物。比较常见的以人名命名的地名有太白山、夫子山、中山市等。

⑤源自移民故乡

如前所述，在西方国家，有很多地名是来自移民故乡的。在中国，也有很多地名来自移民故乡。尤其是在中国古代，中国也存在人口迁移的现象。移民在新的居住地生活，难免思念故乡。所以就用自己的故乡来命名现在居住的地方。例如北京的长子营的命名就属于这一来源。

⑥来自美好的愿望

在西方国家，有很多以美好愿望命名的地名。在中国，也有很多地名来源于美好的愿望。例如，万寿山、永安县、太平山等。这些地名都表达了中国人的美好的愿望。

2. 英汉地名文化避讳比较

在西方地名文化中，很少讲究避讳问题。而在中国的地名中就存在着一些避讳的问题。可以说，地名避讳是中国人比较注重的问题。因此，中国地名会注意避讳问题。在这一背景下，中国很多地名都遵循避讳原则。例如，湖南省中有一个昌江县，为了遵循避讳原则，将这一县改名为平江县。

综上所述，中国人名和地名都有各自的文化。无论是人名文化，还是地名文化，都存在这一相同之处，也存在着一些不同之处。了解英汉人名、地名之间的差异，是学好英汉差异的基础。

二、英汉专有名词文化翻译技巧

（一）英汉人名文化翻译技巧

1. 一般人名的翻译

不同的人名有着不同的翻译技巧。一般人名，主要是指一种指称，并不存在一些特殊的含义或言外之意。对于一般人名的翻译，译者通常会选择音译的翻译技巧。例如：

Smith　　史密斯

Edward　　爱德华

Franklin　　富兰克林

另外，还需要强调的一点是，中文名字的翻译比较简单，直接采用拼音的形式将中文名字翻译出来即可。在翻译过程中,不能忽视了汉语人名文化中姓名的原有特征。例如,将"夏至刚"翻译为 Xia Zhigang,将"朱力"翻译为 Zhu li 等。

2. 特殊人名的翻译

除了一般人名以外,还存在特殊人名。特殊人名,除了发挥指称作用以外,还有其他特殊的含义。对特殊人名的翻译,译者不能随意翻译,而应该结合具体的文化进行翻译,这样才能保证翻译的准确性。特殊人名的翻译可以采用以下几种技巧。

(1) 音译

译者在翻译特殊人名时可以采用音译法。音译法能够将原文的思想和情感体现出来,也能够体现原文所蕴含的特征。另外,音译法还适用于目的语读者对这一特殊人名比较熟悉的情境。例如:

Shylock 夏洛克(吝啬鬼)

Judas's kiss 犹大的吻(居心叵测)

(2) 意译

英汉文化在人名文化中也存在着一定的差异。文化空缺是英语和汉语常见的文化差异问题。在遇到文化空缺问题时,译者要根据原文的思想和意义,用另一词汇将这种思想表达出来。具体到翻译中,译者主要采用的翻译技巧是意译。例如:

A good Jack makes a good Jill.

夫善则妻贤。

在本例中,Jack 是英语中一个普通的男子名,Jill 是一个普通的女子名,如果直译过来,就是"一个好的杰克造就了一个好的吉尔",目的语读者就会费解,所以只能意译。

(二) 英汉地名文化翻译技巧

1. 直译法

西方地名文化中有很多通用名。这些地名在翻译过程中可以采用直译的方式。例如:

Boston 波士顿

Toronto 多伦多

2. 意译法

在西方地名翻译中,译者可以使用意译的方法进行翻译。这种翻译技巧主要注重的是地名的语义。意译法在使用过程中有两种不同的情况,下面对其进行分别论述。

第一，原文中的地名在原文中并不存在虚义，而表达的是实际的语义。同时，这种语义还能反映这一地名的重要特征。在这种情况下，译者可以选择意译的方式。例如，将 Pearl Harbor 译为"珍珠港"，就表现了该地作为港口的重要地理信息；将 Salt Lake City 译为"盐湖城"，也体现了该城市位于大盐湖附近的地理特征。

第二，对于有些地名，如果译者采用音译的方式进行翻译，其译文会很长。在这种情况下，译者可以使用意译的方式对其进行翻译。例如，如果将 San Francisco 音译为"圣弗朗西斯科"，音节数量就比较多，因此就意译为"旧金山"。

3. 习惯译名法

对于有些地名，就可以沿用习惯译名法，如一些源于民族名或者人名的地名等。例如：

Indiana　印第安纳（州）

White Harbor　怀特港

4. 音义结合译法

有的英语地名既不适于完全音译，也不适于完全意译，因此多采用音义结合的译法，即将地名中意义较为明确的部分予以意译，意义不明或不便翻译的部分予以音译。例如：

Philadelphia　费城

New Orleans　新奥尔良

Southampton　南安普敦

在采用音义结合的方法翻译时，当遇到一些有约定俗成的汉语译名的英语地名时，为了不造成译名的混乱，直接使用惯例译名即可。

第八章　跨文化交际下英汉翻译与翻译人才培养研究

跨文化交际背景下，英汉翻译与人才培养迎来了新的机遇与挑战。本章从跨文化交际入手，简单论述了英汉思维文化差异与跨文化交际，分析了英汉翻译中的跨文化视角转换及翻译技巧，讨论了英汉翻译中的译者文化身份与主体性研究，最后概括和总结了如何在跨文化交际下实现翻译人才翻译实践能力与跨文化交际能力的培养。

第一节　跨文化交际解读

一、跨文化交际的定义

跨文化交际是来自不同文化背景的人们运用符号来创设含义和对创设含义进行解读的互动交流过程。当文化差异巨大而显著时，人们对用一定符号所创设的含义因文化不同而存在不同的解释和期待，这种解释和期待的差异大小直接影响交际的效度。因此，在跨文化交际过程中，交际环境、符号运用的恰当性和有效性、认知程度以及交际动机或者目的等都影响交际的结果。

二、跨文化交际的特征

（一）文化的优越感

在跨文化交际中，交际者的文化在不断碰撞，交际者在民族文化归属感和认同感的基础上，很容易形成民族优越感。文化优越感是民族文化长期浸润的结果。交际者由于适应自身文化，在跨文化交际初期会不适应他族文化。当跨文化交际过程出现偏差时，持有文化优越感的交际者会倾向于认为是对方的错误，还会在潜意识中维护本族文化。但是，跨文化交际中文化优越感的存在直接影响着交际的顺利程度。文化并无高低之分，文化优越感就是从主观上对他族文化进行评判，是一种狭隘的文化倾向。跨文化交际者应该持有开放的交际心态，努力了解他族文化，同时适当宣传本族文化中的优秀成分。

(二) 文化的无意识性

在长期本族文化的浸润下，人们对文化会带有无意识性，形成本民族文化认同感。文化是在人们的生产生活中逐渐产生的，属于后天习得的范畴，并且需要依托一定的文化环境。除此之外，个体的成长会受到家庭、学校、社会的文化灌输，因而更加熟悉本民族的文化规则。长此以往，个体的行为就会有着鲜明的民族文化烙印，交际中更加倾向于本民族文化准则在跨文化交际中，个体的行为脱离本民族文化规约，就可能影响生活的进行。文化的无意识性需要交际者跨越自身的文化规约，使用更加客观、开放的态度对待交际对方，从而使跨文化交际向着更加顺利的方向进行。

三、跨文化交际的关键因素

文化和语境是跨文化交际中的两个至关重要的因素。文化帮助人们过滤经验做出解释和选择。语境帮助人们克服语言的局限性，以便能完整地理解意义。跨文化交际的关键因素包括观念、信仰、价值观、世界观、社会结构、语言和非语言等变项。跨文化交际中绝大部分误解超出了表面上的差异，文化价值观、对世界的看法才是关键因素。决定跨文化交际成功与否的重要因素包括信仰或价值观、世界观社会组织跨文化交际由知觉、言语过程、非言语过程、语境构成。知觉，即个人选择、评价和组织外部刺激的过程，文化知觉以信仰、价值观和态度系统为基础；言语过程指我们怎么交谈、怎样思想；非言语过程指用行动交际，这些行动的意义因文化而异最后一个因素是文化影响交际的语境。由此看来，价值观、态度、语境、语言和非语言交际行为是影响跨文化交际成功与否的重要因素。

四、跨文化交际中的言语交际与非言语交际

(一) 言语交际

语言是交际的工具，也是文化的载体，在跨文化交际中具有重要地位。作

第八章 跨文化交际下英汉翻译与翻译人才培养研究

为交际工具,不同的文化群体凭借语言进行沟通和理解;作为文化载体,不同的文化群体通过各自的语言展现不同的文化特征。无论是普通言语交际还是跨文化言语交际,都要涉及静态的语言系统和动态的言语过程,都要遵循语言系统规则、言语行为和交际规则及话语组织规则。静态的语言系统指语音、词汇、语法三种语言要素。在跨文化交际中,主要介绍词汇、语法、语篇三个方面的跨文化差异;动态的言语过程指言语行为规则、言语交际规则及话语组织规则,如合作原则、礼貌原则、言语行为理论等。

1. 语言要素与跨文化交际

(1) 词汇与跨文化交际

词汇是记录和反映世界的语言符号,它代表着特定的对象或现象,人们通过词汇来表达对世界的认识。不同的民族由于在自然、地理、宗教及价值观念等方面的差异,对世界的认识也各不相同,并通过语言和词汇系统表现出来,这使相同的事物在不同的文化中可能具有不同的所指,一种文化的词汇系统不能与另种文化的词汇系统完全对应,同样的,所指反映的可能不是同一事物。因此,词汇及其语义是跨文化交际实践与研究的重要方面,理解不同文化之间词汇、语义的差异,可以帮助我们进行跨文化交际。

(2) 语法与跨文化交际

语法是组织成句的规则,每种语言都有自己的语法系统。每个社会都会使用某种特定的语言,并遵循这种语言的语法规则。语法规则的差异,体现了深层文化的差异。

世界语言数千种,根据不同的标准可以分成不同的类型。不同民族的语言在语法上的系统差异体现了各民族文化起源及随之定型的思维方式的差异及认知方式的差异。

2. 语篇与跨文化交际

(1) 中西方语篇对比

在语言层面,语篇差异表现为文章结构的差异。例如,中西方的文章结构差异表现为:西方的结构和思维方式是典型直接式,而东方是典型的圆形思维。

(2) 语篇差异的相对性

东方的语篇结构与思维方式是归纳法和螺旋式,西方的是演绎法和直线式大量的研究材料证实了这一看法。然而,实际情况要复杂得多,并不是所有东方的语篇结构都是归纳式,也并非所有西方的语篇结构都是演绎式。实际生活中西方人也常用归纳法,如在向对方借钱时,一般会先说明各种情况和原因,再在合适的机会提出要求;东方人也常用演绎法。

（3）文化差异与语境

语篇并不是独立存在的，它存在于特定的语境之中，其构建方式实际上是人们在特定文化的具体语境中，使用语言完成其交际任务的习惯性方式和程序。由于交际任务不同，形成不同类型的语篇，如叙事型语篇、描述型语篇、议论型语篇。不同文化和亚文化中的语篇具有不同的特征。以"东方""西方"为基础或者以"归纳式""演绎式"为类型，进行语篇对比显得过于笼统，不能反映每种文化内部亚文化的差异，也不能反映不同语篇类型的特征和不同亚文化中语篇的差异。

3. 语用与跨文化交际

学会一种语言的语音、词汇、语法，不等于就会使用这种语言进行得体的交际，还要了解并遵循这个社会或群体所共享的言语规则或言语使用规则，即语用规则。语音、词汇、语法是语言的内部系统，是语言的静态层面；语用规则反映的是在特定社会规范的制约下人们使用语言的规则，是语言的动态层面。

不同社会的人们以不同的方式说话，说话方式之间的差异是普遍的、系统的，反映了不同社会的文化差异。然而，不同文化的人们在交往时，往往会对文化价值、社会规范和语用规则的差异性缺乏认识，以本文化的准则和社会规范作为理解他人行为的标准，从而产生语用迁移，造成交际失败。语用失误或语用失败是语用规则迁移所造成的，即不同文化的人们在相互交际时，直接把自己语言的话语翻译成目标语，而不考虑这些话语应该遵循的交际规范，其结果是能在母语中跨达到交际效果的话语，在目标语中无法达到预期效果。

在跨文化交际中，谈话内容和话题常常也会造成语用失误。在一种文化中可以公开谈论的交际话题在另一种文化中是需要回避的。比如，在中国，人们常常相互询问年龄、信仰以示关心，而在西方，这些是不应询问的隐私话题。

（二）非言语交际

非言语交际指在交际中由信息发出者自觉或不自觉发出的，对信息发出者或接收者双方都存在潜在信息价值的刺激。非言语交际不是通过口头与书面语言在沟通中传达信息的过程。非言语交际形式包括语音语调、眼神交流、身体接触、脸部表情、空间距离等方面。很多研究表明，沟通的大部分含义不在语言表达之中，而在语言之外。文化和非言语交际行为是长期历史和文化积淀形成的某一社会共同的习惯，非言语交际是文化习得的结果，是影响跨文化交际的文化基本因素。

第八章 跨文化交际下英汉翻译与翻译人才培养研究

1. 非言语交际的功能

（1）重复

言语信息不能完全表达的，可以通过非言语行为的重复来进一步解释说明。例如，在表示同意时，一边用语言给予肯定，同时一边点头，伴随的是赞同的表情和态度。点头起到的是重复指示作用。在指示方向时，我们会一边用语言描述，边用手指向那个方向。

（2）否定

言语信息所传达的意思，不一定是真实或者准确的。非言语行为所传达的可能与语言行为所传达的信息完全相反，起到否定的作用。例如，甲笑着对乙说："我要告诉你一个非常不好的消息。"这个时候，乙可以推测出，甲是在开玩笑，甲的表情反映出，实际情况与语言描述相反。

（3）代替

不愿或不便用语言来描述或者表达的，可以通过行为动作来传达，达到"心照不宣"。例如，感动时，一个拥抱足以代表千言万语；交通警察在指挥交通时使用的手势，就是代替语言来传达指示和指令；潜水时，在水底是无法进行言语交谈的，因此，会用一些特定的手势来沟通。

（4）补充

可以对语言表达起到修饰和描述的作用。例如，在拒绝别人的时候，通常除了语言上的拒绝以外，我们会在胸前做双手交叉的动作，或者摇头和摆手。说抱歉时，脸带歉意会更加恳切。

（5）强调

非言语行为还可以加强语言表达时的态度。例如，在为别人加油的时候，同时会握紧拳头，振臂高声呼喊；也可以用手掌轻拍对方的肩膀，给予鼓励。生气时，配合语言，流露出激动的表情，提高音量，甚至可能会有拍打桌子的动作出现。

（6）调控

非言语行为可以调控交流状况。交谈时，人们用手势、眼神、动作、停顿等暗示自己要讲话，或已经讲完，或不让人打断；以及向对方点头表示同意并让其跨继续讲下去；沉默表示给别人讲话的机会；将食指放在嘴边意思是"请安静"。需要引起注意的是，作为非言语交际的手势体语，其重要性有时会大于言语文化交际研究与高校英语教学创新交际研究，即通过手势体语来否定言语交际的内容。比如，在言语交际中用表示拒绝的言语，而如果同时通过手势体语或眼神，则可对这种"拒绝"表示否定，而让交际的对方感觉是被赞同或接纳的。

2. 影响跨文化交际的主要非言语交际类型

(1) 手势体语

手势体语是通过后天文化学习获得的，是通过有意识的应用来传达某种意义的身体姿势，包括头部动作、手势以及其他四肢动作等。手势作为非言语行为的一种表现形式，主要借助单手、双手以及手指来完成动作。手和手臂相互配合，会产生多种姿态，形成丰富的非言语词汇，来表示讲话者特定的情绪和感情状态，同时可以与有声语言密切配合，达到信息的交流。体语的范畴比严格意义上的手势更为广泛，它是指人们用身体的动作所表达的意义。各文化中的很多手势体语是约定俗成的，往往为各文化所独有。因此，有可能同一手势体语在不同的文化中的意义不同，这就可能在跨文化交际中造成误解甚至冲突。在跨文化交际中，比通过手势体语发出信息者的意图更为重要的是，来自另一文化的成员对该手势体语的诠释。同一手势体语在不同的文化可能有不同的含义，而同一含义，往往在不同文化用不同的手势体语来表达。

(2) 体触

有学者根据不同文化是否鼓励身体接触而将其划分为接触文化与非接触文化。他们发现，接触文化通常是在热带区，包括阿拉伯国家、南美国家和地中海国家。非接触文化通常在气候比较寒冷的地区，包括中国、日本、韩国、美国、加拿大、北欧国家、德国、奥地利、英国等。体触的身体动作主要表现为拥抱、拉手等形式。在许多国家身体动作主要表现为拥抱、拉手等形式。

(3) 姿势

与手势体语不同，姿势是人们不自觉而使用的。在交际中，人们的站姿、坐姿、行走姿势、饮食姿势等都传递很多非言语信息。姿势在不同的文化中具有不同的含义，常常会影响到跨文化交际的进行。

(4) 面部表情

在文化维度中有一个维度与面部表情有密切的关系，即人际交往中情绪外露的程度：中性——情绪化。其中，中性文化为情绪表露含蓄微弱的文化；情绪文化为情绪表露鲜明夸张的文化。典型的中性文化国家为日本、中国和其他亚洲国家；典型的情绪文化国家为阿拉伯国家、南欧和南美国家；美国则处在两极之间。

(5) 副言语

副言语也被称为言语伴随因素，它主要包括以下形式：语音；包括口音、语调、声音大小、停顿、沉默。例如，一个人的沉默在不同文化中的褒贬意义也不同。比如，在中国心直口快会给人以急躁不可靠的印象；而在美国则被视为反应快、思维敏捷。在中国沉默寡言让人觉得稳重、有城府、能成大器；在美国却很可能被看成迟钝甚至愚蠢。

第二节 英汉思维文化差异与跨文化交际

一、英汉思维文化的差异

（一）形象思维与理性思维的不同

不同地域的人对事物的认知上存在差别，因此思维的角度和结果也不尽相同。汉语思维主要表现在中国人通常习惯形象思维，又称直觉思维；英语思维主要表现在英美人惯于抽象思维，即逻辑思维。形象思维是以形象的观点为依据，利用具体形象的素材来集中再现客观存在，反映其本质和规律。抽象思维或者称逻辑思维，是指人们在思维过程中借助于概念、判断和推理等思维形式反映客观现实的过程。形象思维的特点是注重直观经验，以感觉、知觉、表象为依据进行类比分析，强调事物之间的相似性、相关性。抽象思维是对问题进行综合分析，舍去事物的次要的、非本质的属性，抽取其主要的、本质的属性的过程。因此，这样的思维差异就导致汉语在表达上句子之间的跳跃性大，中间缺乏形式上的联系。而与汉语思维相反的英语思维在语言上表现为句式整齐，行文呆板，整个句子呈现放射状核心结构。

（二）曲线思维和直线思维的不同

受中国传统内敛含蓄的民族特点的影响，汉语思维模式是曲线的，在语言上表现为迂回曲折，倾向于先交代细节，然后逐渐引出结论，在句式上是后重心，头长尾短。西方人的英语思维更加直线，表现为语言直截了当，清楚明确，先切入主题，然后交代相关内容，在句式上是前重心，头短尾长，思想和情感表达上直接外露。中国人思考和解决问题很少单刀直入，通常围绕问题先设定语境，谈论与主要内容并不相关的问题，然后再逐渐切入主题。因此，中国人采用螺旋式思维方式，注重整体协调，习惯迂回，少走极端，以和为贵，以和为本，通常对矛盾采取回避的态度。思想和情绪表达含蓄委婉。西方人直线思维的特点则习惯在割裂分离的倾向中寻找事物的根源，喜欢开门见山，直奔主题。因而相互之间的冲突历来被看作是个体独立和个人价值的体现。

(三) 整体性思维和分析性思维的不同

从历史的角度看，中国人的汉语思维倾向于整体性思维，又称系统性思维，通常以整体和全面的视角把握对象，从整体到部分，强调整体定位，整体和部分关系和谐统一。我国古代崇尚的"天人合一""亦此亦彼"的思想就是整体性思维的体现。而英美人的英语思维倾向于分析性思维，从部分到整体，强调个体的独立性。简单来说，西方人大多关注具体问题和细节，东方人则关注事物的整体结构，思维方式更注重整体性，本能地更关注来龙去脉，因而在这方面英汉两种思维呈反向状。

二、英汉思维文化差异对跨文化交际的影响

(一) 对语言交际的影响

随着社会经济的迅猛发展和我国对外交流的不断扩大，英语已经成为国际交流的主要手段。中国人在传统的"天人合一"自然观、社会观的指导下，人们的语言交流以"含蓄""变通""间接""迂回"为特点。如在请求中，我们多采用"陈述加请求"的交际结构方式，即先说明情况，然后提出请求。而西方人则相反，习惯于古希腊式的逻辑思维和语言风格，开诚布公，简明直接，英语中多采用"请求加陈述"的交际结构方式，先提出请求再陈述情况，与我们大不相同。因此，在实际交往和交流中，充分了解双方的思维差异，才能更好地达到有效交流。

(二) 对书面交流的影响

思维方式同样影响着文本的谋篇布局。中国人倾向于整体思维，汉语写作注重思维的顺序性，结构的完整性和表达的整体性，文章通常有头有尾，前因后果来龙去脉叙述清晰。而纵观西方的文学作品，英语思维大多表现为整体时空感欠强，倒叙、插叙频繁，意识流、蒙太奇式的片段较多。例如中国学生在英文写作中，语法结构和词汇运用上问题较小，表述清楚，但是作文在美国人看来却是毛病不少，尤其表述繁琐冗长，结构拖沓松散。其主要原因是由于不同的思维模式形成的不同写作风格而导致。

(三) 对商业行为的影响

跨文化的商务交际是不同文化背景下人们之间的商务交流，包括商务礼仪、商务谈判、商务契约等等行为活动。了解不同文化背景、文化心态、风俗

习惯下形成的不同的思维方式和表达习惯，直接决定着商业活动的成败。西方文化是契约文化，他们非常注重契约的精确性和执行性，也非常尊重契约的权威性，契约一旦生效就会严格遵守，这种就表现在英语思维的交流中。而东方文化的传统伦理思想注重的则是人伦人情关系，追求心理上的认同和谐和一致，汉语思维模式对于企业规则和合同契约往往认为是对相互间理解和信任的补充约束。因此，"以和为贵""和气生财"的价值取向和思维模式在商业的经营活动中即表现为强调均富、稳定、合情和等价。而西方文化的个体主义价值观和思维方式，强调个人成就，鼓励个人奋斗和实现自我价值，并以契约的形式成为联系个体和集体的纽带。所以要深入了解不同文化下产生的不同思维方式，跨越思维习惯差异下形成的商业活动的交际和沟通障碍至关重要。有效规避跨文化障碍和文化冲突，是实现国际商务活动顺利进行的重要保证。

第三节　英汉翻译中的跨文化视角转换及翻译技巧

一、英汉翻译中的跨文化视角转换

（一）英汉翻译中跨文化视角转换的必要性

1. 文化背景差异

英汉翻译实际上是英汉两种文化的交流，熟悉两种文化体系的差异是成功翻译的前提条件。文化本身是一个复杂概念，而英汉两种文化之间的差异更是十分复杂。想要成功完成翻译，翻译者必须对英汉两种语言体系的文化背景差异有一个比较清楚的认识，再基于跨文化视角转换进行翻译。从语言形式看，汉语重意象，而英语重表音。通俗地说，一个人看到不认识的汉字，虽然不知道怎么读，但可以通过字的组成或形态猜测出它的意思；看到不认识的英语词汇，可能知道怎么读，却不知道是什么意思。从语言意思看，同一个词汇在英汉两种语言体系下可能有不同的意思。如，"老"在汉语体系中表示对年纪大或有经验的人的尊称，而在英语体系中则表示无用、没有价值。

2. 社会风俗差异

社会风俗是人们在日常生活中形成的一种约定俗成的文化。国家不同、生活背景不同，社会风俗自然也不同。在不同的社会风俗下，生活环境、生活方式、生活习惯等都会有很大的差异，这一点在中国人和英美人身上体现得尤为明显。由于中西方社会风俗与文化等方面的差异较大，使得语言表达方式也有很大的不同。若想成为一名优秀的翻译者，必须了解语言成长的文化环境，把握不同文化背景下的语言表达方式和风格。

3. 思维方式差异

中国人与英美人的思维方式有很大的差异，这种差异体现在汉语注重具象表达，而英语注重抽象表达。在进行英语翻译时，翻译者一般要先理解源语，再结合自己的经验进行翻译。在这一过程中，翻译者如果不能把握英汉两种语言思维方式的差异性，可能会造成对源语的错误理解。因此，翻译者一定要清楚思维差异对翻译的影响，并认真了解英美人的思维方式与语言表达习惯，正确理解源语的特点、风格及内涵，以保证翻译的准确性。

（二）英汉翻译中跨文化视角转换的策略

1. 形象转换

文化背景、社会风俗及生活习惯等对语言表达有一定的影响，即使是相同的形象，处于不同的环境背景下也会有不同的含义。因此，翻译者在翻译时应当整理资料，结合自身经验进行针对性分析，并在此基础上，准确表达出形象的具体含义、内容。简单地说，就是把原文风格与自身风格结合起来，在二者和谐统一的基础上再对原文形象作合理的保留和转换，以保证翻译质量。

2. 虚实转换

中国人与英美人的思维方式不同，语言表达方式上有很大的差异。对此，译者应当把握虚实转换，确保翻译内容的准确性。所谓虚实转换，是指不需要逐句翻译，主要追求意义的对等，从而避开文化背景差异、思维方式差异等因素的影响，让翻译者获得准确的翻译内容。如，"The matter was finally solved under the table."中的table一词翻译成"私下处理"，而不是原意的"某一具体事件"，这样的虚实转换能更准确地表达源语含义。

3. 词类转换

在进行英语翻译时，词类转换一般体现在形容词、名词、动词等词汇上。在英语中，由于每一句话只能有一个谓语动词，所以经常出现动词名词转换的现象。如pay attention to中的attention，原本是一个名词，但在这一短语结构中起着动词作用。当然，英语中的一些名词也经常被翻译成汉语中的动词。如"No violation of the principle can be tolerated."中的violation被翻译成"违背"，词性从英语中的名词转换成了汉语中的动词。由于英汉两种语言的表达不同，所以英汉翻译时需要进行相互转换，以保证翻译质量。

二、英汉翻译中的跨文化视角转换的翻译技巧

（一）将隐喻变为明喻

在翻译过程中，翻译者要以交际翻译理论为基础，把英语中的隐喻与明喻联系起来，找到两者之间的平衡点，把一些难以理解的隐喻用明喻的形式翻译出来，降低接受者的理解难度。同时，还要充分结合接受者的文化背景、需求，尽量减少文化差异带来的认知差异，使其在翻译文字中找到共鸣。

（二）适当运用意译

意译是一种比较难的翻译技巧，它要求翻译者熟悉、掌握接受者国家的文化，拥有良好的语言组织与表达能力，能够熟练应用各种修辞方法，准确表达出英语原文中的隐喻含义。如 The weakest goes to the wall 翻译成汉语是"优胜劣汰"；It rains cats and dogs 翻译成汉语是"倾盆大雨"。翻译时适当地应用意译技巧，将英语转换成耳熟能详的汉语，更容易被中国人所接受。

（三）明确翻译目的

为了保证翻译质量，翻译者在翻译时应当分析翻译动机及目的，再结合翻译需求选择适合的翻译策略。翻译动机不同，选择的翻译策略可能也不同。倘若翻译者没有明确的翻译动机，没有选择不同的翻译策略，可能就会造成翻译内容不同。如杨宪益版《红楼梦》译本中的"谋事在人，成事在天"翻译成 Man proposes, Heaven disposes；而大卫·霍克斯（David Hawkes）版《红楼梦》译本将这句话翻译成 Man proposes, God disposes。对比可知，杨宪益版的翻译内容遵循了中国传统文化，符合汉语思维习惯，更忠于原著，很好地弘扬了中国文化。大卫·霍克斯版的翻译内容与译入语言的文化习惯更接近，便于英美人理解，体现出英语思维。总之，翻译者一定要明确翻译的目的和动机，选择适合的翻译策略，以实现翻译目的。

（四）分析文本类型

不同类型文本所呈现出来的文本语言特征也不同。在翻译时，为了使文本语言不出现偏差，翻译者要认真分析所翻译文本的具体类型，并以此为依据选择适合的翻译策略。如文学作品翻译可以选择异化翻译策略，以便更好地表现源语文化；广告、新闻翻译应当采用归化翻译策略，以更好地传递信息。只有结合文本类型选择适合的翻译策略，才能保持源语的文本特征，准确地表达出

原文含义。

(五) 深入体会文化内涵

国家、民族、文化、生活习惯、风土人情等是语言文化差异的主要影响因素。为了实现翻译跨文化视角转换，准确而恰当地完成翻译，翻译者应当通过阅读资料、观看影视作品等方式全面了解英美国家的民族、文化、价值观、社会生活等，增强对西方文化的认识，体会西方文化的内涵，以培养自身的文化敏感性。同时，通过积累文化知识提高翻译能力。一些词汇褒贬义经常出错，如 ambitious 在英语中的本意是"雄心勃勃"，属于褒义词，但在汉语语境下则是"炫耀"之意，属于贬义词。倘若翻译者对此不了解，翻译就会出错。因此，翻译者进行英语翻译前一定要了解西方文化，全面认识语言的使用特征、方式等，了解英汉两种语言表达的差异性，并结合差异选择适当的翻译方法，确保翻译质量。

(六) 考虑接受者的需求和接受能力

不同的接受者有着不同的需求和接受能力。译语的内容及表达方式要能被接受者所接受、认可，适应他们的接受能力，满足他们的需求，这样的翻译才能被称之为成功的翻译。因此，翻译者进行翻译前应对接受者的需求、接受能力等进行科学预测，尽可能多地掌握接受者的实际情况，并以此为依据调整翻译，确保译文适应接受者的接受能力，顺利地被接受者了解、消化。事实上，翻译时考虑接受者的需求与接受能力能够使译者与接受者在语言文字上产生共鸣，让接受者认可译文，以准确传达语言信息。

第四节 英汉翻译中的译者文化身份与主体性研究

一、英汉翻译中译者的文化身份

(一) 译者文化身份的内涵

1. 译者的国家身份

译者总是从国家的政治立场和意识形态出发来处理翻译中所出现的各种文化现象。此时，翻译往往不再遵守对等或等值原则。例如，对"香港回归"

一词的翻译，我国译者没有简单地按其字面意义译为 Hong Kong Take back，而是将其阐释为 to resume the exercise of sovereignty over Hong Kong，从而表明了自己鲜明的国家身份和对国家立场的维护。

2. 译者的民族身份

译者在翻译过程中，总会遇到不同文化之间碰撞的问题。此时，译者的民族身份就会逐渐显露出来。在当今全球化时代，我国要想弘扬本土文化，必须利用英汉翻译的对外性，通过文化阐述对外宣传本土文化的内涵和底蕴。为此，译者必须好好打磨基本功，掌握本土文化的精髓，并努力通过适当的语言介绍给国外。

总之，译者绝对不能只满足于语言本身的掌握，还必须站在民族身份的高度，深入理解本土文化，并采取适当的方法进行阐述，从而完成弘扬民族文化的使命。

3. 译者的地域身份

不同地域的人们由于地理环境、气候、风俗习惯等存在差异，其语言也在发展过程中打上了明显的地域性的标记，从而产生地域变体。可见，地域对语言的影响是非常重大的，在语音、语法、词汇等层面都有所体现。对于译者来说，在翻译时应当尽力再现原文的地域特色。例如，"炕"是我国北方农村家庭特有的设备，如果直接译为 bed，虽不能说错，但缺些文化内涵与原文地域色彩，而译为 kang—a heatable brich in rural areas of Northern China，则可以让读者很好地体味到中国北方的寒冷，同时能看出当地人征服自然的智慧。可见，译者有必要重视自己的地域身份，努力在全球化语境下弘扬本土文化。

(二) 译者文化身份的定位

1. 译者应置于阐释者状态

传统的翻译学理论很少对源语文本与译者的关系问题展开探讨，即使有提及，也仅限于译者对源语文本语言、文字的解读上。因此，我们有必要从阐释学的角度重新审视源语文本与译者的关系，便于之后更好地对翻译的第一阶段——解读阶段有一个深层次的认识。

伽达默尔在《真理与方法》一书中，为了证明阐释者与源语文本的关系，曾经有这样一段说法："所有的翻译者都是阐释者，外语的翻译情况表达了一种更为严重的阐释学困难，既需要面对陌生性，还需要克服这种陌生性。所谓陌生性，其实就是阐释学必须处理的'对象'。译者的再创造任务同一切文本提出的一般阐释学任务在本质上并没有什么区别，只是在程度上存在差异。"①

从这点可以看出，在跨文化翻译的理解过程中，译者首先要将自己置于阐释者的状态，面对源语文本的语言与文化的陌生性，使自己参与到这个陌生的意义域之中。

面对这种跨语言、跨文化的陌生性，译者如何进入源语文本文化的意义域中呢？如果译者的大脑一片空白，要想理解是不可能的，他们必须了解自身文化与译语文化的异同点，带着自身的前理解背景因素跨越到源语文本的异域文化因素中，求同存异地实现与源语文本作者的"视域融合"。

但是，这种"融合"是相对意义上的"融合"，要想完全消除误译或者误读是不可能的，而这里所说的"融合"只是在译者自身的理解能力范围内，达到与源语文本意义域的一种动态历史对应。

2. 译者应实现与源语作者的视域融合

翻译本身必然是跨文化的，因此译者不可避免要面对两种文化的碰撞。在跨文化翻译过程中，译者首先需要对源语文本文化的差异性进行解读。如前所述，在跨文化翻译中，语言与文化的透明互译并不存在，译者视域需要在与源语作者的视域进行不断碰撞的基础上实现融合，因此译者在进行跨文化翻译解读过程中需要注意几个问题。

第一，真正的跨文化理解是不能驻留在语言本身的。从阐释学意义上说，理解一门语言本身并不是对语言的真正理解，其中也不涉及任何解释过程。我们之所以说理解一门语言，是因为我们生活在这一语言之中。哲学阐释学问题并不是对语言正确掌握的问题，而是对于在语言媒介中所发生的事情能够正当了解的问题。这样掌握语言是一个前提条件，而文化是这一前提中的蕴含意义。我们可以将跨文化翻译视为一种谈话，一方面是译者与源语文本的探索，另一方面是译者同自己的谈话。只有在这种交谈模式中，译者才能将自己的文化积累与源语文本的文化意义相关联。

第二，当代诠释学所说的理解与传统诠释学并不相同，即当代的诠释学并没有要求抛弃诠释者自己的视域，将自己置身于源语作者的视域中。从跨文化翻译的角度来说，译者对源语文本的解读是在生存论意义上的跨文化展开。译者理解的基础并不是将自己置于源语作者的思想中，或者是让自己参与到源语作者的内心活动，而是要将所要理解的意义置于源语文本反映出来的语境中。当然，这并不是说翻译者可以任意对源语文本所指的意义进行扭曲，而是应该

---

① 李雯，吴丹，付瑶. 跨文化视阈中的英汉翻译研究 [M]. 长沙：湖南师范大学出版社，2018：61.

◇ 第八章　跨文化交际下英汉翻译与翻译人才培养研究 ◇

保持这种意义，并让这种意义在新的语言世界中以一种新的方式发生作用。

第三，在跨文化翻译中，译者应该从阐释学的角度将跨文化翻译的每一次解读视为一种意义的生成过程。从历史意义上说，这一过程无穷无尽。虽然源语文本文字记录的意义从根本上可以被辨认，也可以用译入语进行复述，但是这里的复述并不是严格意义上的复述，其并不被归结到最早讲出或写下的某种东西的原始意蕴中。跨文化阅读的理解并不是对某些以往的东西进行简单的重复，而是对一种当前意义的参与，其融入的是跨文化译者的视域。

3. 译者应熟知跨文化翻译步骤与标准

（1）信赖

首先，译者要存在一个视野，其可以涵盖与源语文本相关的所有信息，如原作作者的信息、原作写作时期的信息等。这肯定和体现了以往的认知行为。当译者遇到某一文本时，无论译者是否主动，文本都进入了译者预设好的视野之中。如果译者能够听懂或者相信文本所说的，那么说明译者对文本产生了信赖，也说明译者从文本感受到了兴趣，希望从中获取自己想要的东西。之后，译者就开始着手于翻译活动。可见，信赖从某种意义上说是对原作的信任，但是这种信任是最初的，当译者渐渐认识文本之后，就可能会面对来自源语文本的抵抗，这就给翻译造成了极大困难。这种来自源语文本的抵抗就导致跨文化翻译的阐释过程的第二步——入侵。

（2）入侵

这一词语本身具有"暴力"的含义，但是在有些学者看来，如果译者将存在意义转化成理解意义时，不可避免地会遇到暴力入侵。因为不同文化背景下的差异会给译者设置多重关卡，译者只有冲破跨语言、跨文化的关卡，才能翻译出自己想要的东西。

（3）吸收

入侵的目的是为了获得，从源语文本中抢到的东西，经过消化，贴上译者的标签，进而译者才能得心应手地使用。这就是吸收的过程。

（4）补偿

当经历了信赖、入侵、吸收之后，译者不可能对源语作品进行原原本本的复制，可能是因为对源语作品抢夺的太少，或者是因为在吸收和组装过程中发生了变形，因此为了维持平衡，就必然需要补偿。这样译者除了对源语的潜力进行再现外，还得到了源语作品未表现出来的价值。

译者对源语文本的理解具有历史性，解读源语文本也存在合法偏见，跨文化理解与翻译被视为开放性的动态过程。但是，翻译并不能仅仅停留在理解层面，最终产生译作才是目的。就目前来说，理想范本是不存在的，因为针对原作产生的译本会不断得以提升。

综上所述,译者要站在沟通源语文化和译入语文化的立场上,努力做促进多元文化平等对话的使者。

二、英汉翻译中译者的主体性

(一) 译者主体性的含义

首先了解一下什么是主体性。从哲学的角度来说,主体性就是指人作为主体的规定性。具体地说,主体性是主体在对象性活动中本质力量的外化。能动地改造客体、影响客体、控制客体,使客体为主体服务的特性。主体性是主体的本质特性,这种本质特性通常在主体的对象性活动中表现出来。主体性最根本的内容是人所特有的主观能动性,主要包括目的性、自主性、主动性、创造性等。能动性是主体性最为突出的特征。

关于译者的主体性概念,很多学者也进行了界定。

一种观点认为,译者主体性是指作为翻译主体的译者为实现其翻译目的而在翻译活动中表现出来的主观能动性,其基本特征是翻译主体自觉的文化意识、人文品格和文化、审美创造性。

另一种观点认为,译者主体性就是作为翻译主体的译者,在尊重客观外部翻译要素(主要是源语作者、源语文本、译语读者、两种社会语言文化等)和承认其自身主观认知状况制约的前提下,在整个翻译活动中所表现出来的主观能动性,主要体现为创造性。

(二) 译者主体性的特点

1. 在翻译过程中。译者的个人风格、能力和素养甚至观点,通过译者的主体意识或潜意识,或采取凝缩改装、改写等方式会在译文中表现出来。

2. 翻译是译者主体积极的创造性活动,文本通过译者的翻译和阐释在译入语中生存下来。译者试图打破原文的桎梏,穿越时空的限制。译者的主体性地位正是通过译者的创造性确立了其中心地位,成为最活跃的因素。

3. 译者的意向性是在特定情况下的意图行为。作者通过创作文本传递自己的意向。由于一个文本可能具有一种或多种意向,所以译者通常需要决定传递原作的某一种意向。这种选择也体现了译者的主体意向。在进行选择时,面对原作者和原作,译者的意向性一方面直接指向原作者的意图,而面对译入语读者,译者确实是在进行某种程度的创作。译者的选择性还体现在译者对所译文本的精心选择上。

4. 译者对译文进行操纵的主要方式就是改写。在翻译中忠实于原文语言和文化，这表明了译者主体的顺从；相反，若译者追求的是翻译中的异国情调和文化他者，则显示了主体的抵抗。翻译实践证明，抵抗意味着让译者在场，即发挥译者的主体性。

总之，译者主体性作为一个重要的议题提出，本质上是对以"忠实""对等"的作者主体性表征的质疑。但同时必须清楚地认识到，在强调译者主体地位时，应避免译者以创造之名，实行背叛之实，脱离原文，任意翻译。

第五节　跨文化交际下翻译人才翻译实践能力与跨文化交际能力培养

一、跨文化交际下翻译人才翻译实践能力的培养

（一）跨文化交际下翻译人才翻译实践能力培养的意义

经济全球化发展，跨文化交流日益密切，对翻译人才的需求与专业素质要求也不断提升。但长期以来，由于受应试教育影响，以及专业细分带来的知识局限性，翻译专业教学存在诸多不利因素。中国的应试教育使得多数学生在语言学习上侧重语法、阅读，针对基础词汇、语法的学习积累所花费的精力远大于对英语国家社会、文化等方面的了解。并且，此种模式也带来了学生习惯于用中国式文化思维理解英语的弊端，在英语学习上很大程度受到本国文化的影响，这也是出现教科书英语、哑巴英语等现象的根本原因。因此，跨文化交际视域下的翻译实践能力培养更突显其重要性。与此同时，从跨文化交际视域来看，为适应经济文化全球化发展，翻译专业学生也肩负着文化传播的时代使命。他们既要深入了解西方国家历史文化、社会经济知识，也要对本土文化有较深的解读与概括水平，对英语的语言差别、文化差异要有清晰的认识。因此，翻译人才既要具备扎实的专业知识、充足的语言知识、熟练的翻译技巧，更要担负起传递本土文化的重任，以符合文化需求与交际规范的方式传播本土文化。也唯有从此角度出发，才能够培养经济文化全球化背景下所需的专业翻译人才。此外，随着经济全球化、文化多元化的发展，社会对翻译专业人才的需求与日俱增，对翻译人才的专业要求也不断提升。仅靠学校的翻译课堂培养已难以满足社会需求，新形势下的翻译人才培养，必须基于理论基础与实践能力的双重角度出发，基于翻译理论与基础技能的良好掌握，更应注重学生思辨

能力、主观意识的养成，同时将翻译教学与市场基本需求相融合。

（二）跨文化交际下翻译人才翻译实践能力培养的路径

1. 丰富课程体系

跨文化交际视域下，翻译实践能力培养需进一步丰富课程体系，立足英语学科本质，创新教学方法与手段，构建起以学生为主体的新型课堂。具体来讲，教学方法的创新应当以从"教"到"教与学"的改变、以教师主体到学生主体的转变为核心，合理利用现代教学理念与模式，积极探索新方法，通过案例式教学、研讨式教学、混合式教学等方法融合，构建起高效、自由的现代智慧型课堂。如开展基于工作项目的翻译教学模式，强调实践性，明确以学生为主体，提倡团队协作，培养协作翻译能力，通过模拟翻译公司、承接翻译任务的模式，指导学生搭建翻译团队，共同完成翻译项目，培养其翻译职业素养与专业能力。其次，在教学实践中，教师应精心制定教学计划与实施方案，严密设置课堂程序，合理分配时间，积极利用多媒体教学手段选取与制作教学材料，强化教材硬件与试题库建设；教学内容需紧跟时代步伐，翻译项目、翻译材料应适应学生专业方向与喜好需求；同时注重教学内容文化性与多元性融合，增设文化概论、世界政治、经济等课程，融入多学科知识翻译教学；可邀请企业参与人才培养方案制定与修改，如开发笔译工作坊、口译工作坊等模拟实践课程，通过双师型教师引导，结合模拟方式训练学生笔译、口译能力。

2. 凸显特色优势

跨文化交际下翻译人才的培养应用性更强，其不仅要求具备翻译的基本技能，也要求所培养的人才拥有不同行业的背景知识。一些学校在制定人才培养方案时，可结合高校教育资源特色适当调整方案，彰显出人才培养优势与特色，服务于地方经济社会发展。

3. 搭建双师队伍

翻译人才培养模式注重多元化教学团队的构建，充分利用行业教育资源优化师资队伍结构。学校应鼓励教师参与翻译实践，参与国内外教研与学术活动，促进师资转型，聘任一批职业翻译，明确双师型教学队伍建设发展目标。另外，还要构建多元化教学团队。多元化教学团队的构建，既能够缓解英语专业人才培养的师资困难，也可有效提升教学培养质量。通过本校教师、兼职教师及相关专家的密切合作，共同开展理论及实践教学活动，形成人才培养的强大合力。多元化教学团队应由本校教师、实习指导教师、外聘教师等构成，聘请来自翻译行业中有丰富经验、高学识的专业人才担任兼职教师；邀请企业参与人才培养方案制定与修改，共同开发特色课程。

4. 拓展实践平台

为更好地将翻译人才培养与社会需求相接轨，翻译实践教学可遵循翻译人才培养规律，以学生职业需求为导向，基于跨文化交际实践环境，将实践教学贯穿培养全过程。首先，可拓展"第二课堂"，开展形式多样的课外活动，调动学生参与积极性与主动性，如基于校内笔译工作坊、口译工作坊等工作室，引导学生通过承接各类翻译项目，提升理论应用能力；基于翻译社团、翻译类竞赛等活动，在实践参与中体验翻译工作氛围，强化翻译技能训练；举办翻译讲座。其次，深化校企合作，可由学校、学生、教师、企业四方签订合作协议，统一组织，集中实习，并制定在岗实习考核标准，完善实践过程管理。基于校外实习基地平台，在双师型教师的引导下，引导从事旅游、工程、外贸、化工等各类翻译工作，将课堂中的理论知识应用于实践当中，在实践中学习翻译技能。

二、跨文化交际下翻译人才跨文化交际能力的培养

(一) 促进翻译人才文化多元主义思想的发展

1. 培养学习者积极看待异文化并促进其对自我价值的认识

对于翻译人才来说，他们大多对异国文化只有粗浅的了解，也少有与来自目的语国家文化中的成员的交往。因此，应当引导学生在跨文化交际发生之前和进行当中，先假设来自异文化的对方是善意的，是寻求与自己的理解和交流的，假设异文化和中国文化在深层次上有很多共同点。这样积极地看待异文化及其成员的态度也会辐射到跨文化交际的对方，促进双方的好感与信任感的建立，形成一种有益的跨文化交际场景，促进跨文化交际的良性循环。这样，在这个过程中，即使出现文化差异或令人困惑的情况，双方也能遵从与人为善的原则共同找到解决办法。

翻译人才对目的语文化的态度关系着翻译人才的翻译学习和效果。只有翻译人才树立积极的目的语态度，才能促进翻译人才学习和理解目的语。因此，注重翻译人才对目的语积极态度的培养是至关重要的。在此过程中，一定要让翻译人才认为目的语文化是一种积极的文化，这与中国传统文化中"性本善"说的思想不谋而合。

将这种思想融到跨文化交际中，对翻译人才翻译能力与跨文化交际能力都具有一定的促进作用。在这种思想的影响下，尽管世界各国在思维方式、行为习惯、文化等方面存在着很大的差异，但世界上人们的本性都是善良的。基于此，交际者在跨文化交际中会积极寻找解决问题的对策，积极克服文化障碍，从而使跨文化交际顺利进行。如果交际者不认同"性本善"说，认为并不都是善良的，就很容易在跨文化交际中封闭自己，不敢开心扉交流，同时还会堤防交际者，在种种顾虑和自我封闭的情况下，不利于跨文化交际的顺利进行，也不利于跨文化交际能力的提升。

一个人正确认识自己是十分重要的。只有正确认识自我，才能在认识自我的基础上正确认识异文化。如果一个人无法正确认识自我，就不可能正确理解异文化。究其原因，主要是不能正确认识自己的人也就无法正确认识异国人，更不会敞开心扉地与他人进行交流，更不会了解其他国家人的思想和行为。[1]

在跨文化交际中，民族中心主义思想对跨文化交际也是不利的。这种思想很容易使人产生文化自卑感。一旦文化自卑感产生，它就会影响文化多元主义思想的形成和发展。众所周知，一个人只有正确评价自己，认清自己，才能正确地认识和评价异国文化，也才能在跨文化交际中敞开心扉、表达自我。在民族中心主义思想的影响下，文化自卑感不利于交际者认清自己，也不利于与异国交际者进行交际，这样很容易使交际者产生自卑、敏感心理，严重影响跨文化交际的效果。

在跨文化交际中，跨文化交际能力是一种必备的能力，也是个体发展能力的重要组成部分。在文化多元化的今天，翻译人才也需要这种能力。翻译人才的跨文化交际能力不能脱离个体而独立发展。同时，还要使翻译人才意识到跨文化交际能力的重要性，要想提升自己的这一能力，就必须认清自我，不断实现自我存在的价值。只有这样，在跨文化交际中，翻译人才才能敞开心扉，积极主动地与异国文化的交际者进行交际。

这就要求教育者要注重翻译人才的跨文化交际能力的培养。具体而言，要尊重和发展学生的个性，促进学生的个性发展；要为学生提供交流的平台，鼓励学生积极发表自己的看法；引导学生认清自己的优势和不足，鼓励学生不断努力，不断实现自己的价值。

无论何种教育，都应注重人文性和教育性，应将人才培养置于"素质教育"框架之中，使学习者作为一个人的整体素质和个性发展方面得到最大程度的提高。

2. 鼓励学习者勇于探索母文化与目的语文化

很多专家指出，如果对异文化怀有浓厚的兴趣，则更有助于人们设身处地地去理解异文化的成员，有助于培养跨文化移情能力。因此，要培养和促进英

---

[1] 马亚丽. 翻译人才培养新模式与翻译教学改革研究 [M]. 成都：电子科技大学出版社，2019：198.

汉翻译人才的跨文化能力，应当培养他们对新事物的好奇心和勇于探索的精神。应当让他们领悟到，学习就是对安全感的放弃，应当培养他们不将新事物和陌生的环境看作是危险和威胁，而是看作拓宽眼界、发展个性的机会。

我国教育重视学生的应试能力，很少关注学生的探索求异能力。即使学生成绩很好的学生，也严重缺乏这种能力，这就是应试教育的弊端。翻译人才的培养并不是只意味着培养翻译人才的翻译能力，还要培养翻译人才的跨文化交际能力、探新求异能力。尤其是在跨文化交际中，翻译人才更应该有这两种能力。也就是说，翻译人才也能够在跨文化交际中克服交际障碍，顺利进行交际。同时，翻译人才还能在学好基础知识的基础上，不断探索创新，不断研究异国文化，对母语与目的语文化之间的差异进行分析。只有这样，才能激发学生的兴趣，也才能积极主动地进行跨文化交际。

在英汉翻译人才的培养中，为了提高学生对目的语文化的兴趣，应当注重利用各种媒体将目的语文化以丰富多彩的形式展示出来，增强学习者对目的语文化积极、全面的感性认识，增强其探索文化的兴趣，以便促进他们在不断的探索过程中，培养其跨文化宽容度和移情能力，同时培养他们对目的语文化的尊重和跨文化敏感性。

3. 培养学习者多视角看待问题的能力

很多研究表明，产生文化之间的误解和冲突的重要原因在于，人们大多会戴着母文化的眼镜看世界，把母文化的思维方式、行为方式、价值观等看作是放之四海而皆准的。因此，在培养翻译人才的跨文化能力过程中，应当帮助他们意识到自己身上所存在的民族中心主义思想，并通过教学和实践逐步加以克服。

要想更好地理解他人，翻译人才就必须要正确认识自己。正确认识自己的方式有很多，翻译人才要根据自己的实际情况选择正确的方式。正确认识自己，有利于翻译人才不断反思自己的思维方式和行为习惯，不断反思自己的价值观、人生观、世界观，有利于民族中心主义思想的消除。基于此，教育者自身也应该意识到自我反思、正确认识自我的重要性，并引导学翻译人才不断反思，同时在反思中不断提高自己的思考和反思能力。只有这样，翻译人才才能在学习的过程中不断反思，认识到跨文化交际中民族中心主义思想存在的弊端，也才能积极寻找克服这一弊端的策略和方法，同时，还有利于翻译人才更加全面地看待母语文化与异国文化，并通过比较的方式理解两种文化的差异。

除此之外，还有利于翻译人才全面认识自己，不断审视自己的学习思维和学习方式。当然，翻译人才对自己的反思和审视应该选取一定的参照，这样才能更加准确地审视和认识自己。例如，翻译人才可以通过与他人进行跨文化交际的方式来审视自己。在这一过程中，翻译人才不仅可以提高自己的跨文化交际能力，还可以提高自己分析问题和解决问题的能力，也可以提高自己的观察力。同时，翻译人才可以在跨文化交际中树立积极的交际态度，明确民族中心主义思想带来的问题，并不断消除民族中心主义思想。

翻译人才的跨文化交际能力的重要性不言而喻。教育者必须采用科学的方式来培养翻译人才的跨文化交际能力。同时，教育者还应该不断转变培养视角，以跨文化为视角，采用多种手段来培养翻译人才的跨文化交际能力，从而使翻译人才能够在正确认识母语文化的同时，正确认识目的语文化。

因此，应当引导翻译人才扩大跨文化视野，从了解和理解中国文化、目的语文化，到对更多的文化有所了解和研究，以形成国际化的视野，具备对多元文化的敏感性，提高跨文化实践能力。

（二）促进翻译人才对母文化和目的语文化全面深入的认知和理解

1. 拓宽和加深翻译人才对中国文化的认知和理解

对母文化的全面和深刻的认识是了解异文化的重要前提。翻译人才对中国文化的了解，将是他们在跨文化合作职业实践中极大的优势，因为很多在华的国际企业正是希望利用中国员工对中国文化的了解，来寻求符合中国国情的解决方案，期望他们在中外跨文化交流中起桥梁的作用，从而实现这些企业的在华投资的目标。因此，促进中国翻译人才对母文化全面深入的认知和理解、培养他们向异文化的成员传播中国文化的能力至关重要。只有在了解了中国文化的基础上，才能客观地看待中国文化，认识到中国文化中的认知、思维和行为方式不是放之四海而皆准的，从而提高对异文化的敏察力和宽容度，提高跨文化能力。

在跨文化交际背景的影响下，教育者要注重翻译人才跨文化交际能力的培养。这种能力涉及语言，也涉及文化。这种文化，实际上，并不是单指异文化，也包括中国文化。如果在学习异国语言的过程中，只注重提高这一语言的交际能力，只注重学习这一语言文化，而忽略中国文化的学习，不利于翻译人才跨文化交际能力的提高，同时也会失去学习语言和文化的意义。因此，在注重异文化学习的同时，还应该注重中国文化的学习。

中国文化是翻译人才理解母语的重要保障。无论是学习哪一门外语，都不能脱离母语而单独学习。母语以及母语文化有利于帮助翻译人才学习其他外语，也有利于提高翻译人才学习文化的效率，还有利于提高翻译人才的跨文化交际能力和跨文化洞察力。

众所周知，中国文化内涵丰富，种类多样，翻译人才对中国文化的学习包

第八章 跨文化交际下英汉翻译与翻译人才培养研究

括很多的内容。例如，主流文化、大众文化、传统文化等。除此之外，还包括优秀的亚文化。只有从多个角度、多个层面了解中国文化的多样性，才能全面了解、学习和掌握中国文化。只有全面掌握中国文化，才能克服跨文化交际障碍，顺利进行跨文化交际。

还需要指出的是，翻译人才必须意识到中国文化的重要性，并将中国文化同西方文化进行对比，找出相同之处，也找到差异之处。同时，翻译人才应该能够利用外语来表达和传播中国文化，使其他国家的交际者能够正确了解和学习中国文化，真正使中国文化走向世界。

总之，翻译人才是中国与西方各国交流与沟通的保障，只有翻译人才了解西方文化和中国文化，才能更好地进行跨文化交流与合作。

2. 学习目的语文化

众所周知，语言与文化之间存在着紧密的关系。无论学习哪种语言，都应该学习这一语言背后的文化。跨文化交际能力的培养，也要求翻译人才要具有语言表达能力和文化交际能力。只有了解和掌握目的语文化，才能克服跨文化交际障碍，提高跨文化交际能力。因此，教育者不仅要在翻译教学中导入中国文化，还应该科学、恰当地导入目的语文化，使翻译学习者在学好中国文化的基础上掌握更多的目的语文化。同时，教育者还应该使翻译学习者意识到文化并不是一成不变的，而是不断变化的，即使是同一时代背景下的文化也存在着多样化的特点。另外，教育者还应该引导翻译学习者多视角学习和分析目的语文化，以动态的视角来分析和学习，这样，才能更加全面地学习和理解目的语文化。教育者还应该意识到历时性与共时性在翻译教学中的重要性，并根据实际教学情况恰当地融入目的语文化。

除此之外，还需要强调的一点是，教育者还应该引导翻译学习者全面、多视角理解和掌握目的语文化。具体而言，教育者可以从宏观、中观、微观三个视角来引导翻译学习者对目的语文化的理解和掌握。

翻译人才在学习目的语文化的过程中，首先常常看到这些文化与中国文化存在差异的地方，这一点自然是重要的，但同时也要尝试找到异文化与中国文化在文化深层次的共同点，在了解"习相远"的同时，也要把握那些"性相近"的文化共同价值。

另外，教育者还应该鼓励翻译学习者多阅读、多讨论，并从阅读和讨论中学习目的语文化。

总之，无论是中国文化，还是目的语文化，都不是静止不变的，而是不断发展和变化的。教育者在教学过程中不可能将所有的文化知识都讲授给翻译学习者，翻译学习者也不可能掌握全部的文化。这就要求教育者要引导学生树立正确的态度，掌握学习文化的方法和技巧。

3. 加强跨文化交际理论的学习与文化比较

翻译人才跨文化交际能力的培养，要求翻译人才理解和掌握中国文化和异文化，还要求翻译人才掌握跨文化交际理论的相关知识。跨文化交际能力的培养并不是一蹴而就的过程，而是一个长期的过程。在这一过程中，教育者应该将跨文化交际理论的相关知识融到翻译教学中，使翻译人才全面学习和掌握跨文化交际理论的相关知识。这里需要重点指出的一点是，在实际教学中，教育者不能直接照搬西方的交际理论，而应该根据我国的国情以及学生的实际需求，吸收西方理论的精髓，融入中国跨文化交际理论研究，从而为翻译人才提供一套符合中国人学习的跨文化交际理论。

跨文化交际理论涉及内容十分广泛，例如交际学、文化学、跨文化交际学等。这些理论能够为翻译学习者学习文化和跨文化交际知识提供理论指导。同时，将跨文化交际理论融到具体的教学中，有利于翻译学习者以此为依据，从不同方面分析母语文化和目的语文化，并采用对比的方式来学习母语文化和目的语文化，这样有利于翻译学习者多角度学习母语文化和目的语文化，有利于翻译学习者全面了解母语文化与目的语文化的异同。

众所周知，中国文化与目的语文化之间存在着很大的差异，但也存在着一些共同之处。在实际教学中，教育者往往只注重两种文化差异的讲授，忽略了两种文化的共同之处。实际上，教育者从中国文化与目的语文化的共同之处入手，更容易激发翻译学习者学习的兴趣，提高他们学习的积极性和主动性。尤其是对于一些初学者而言，更应该从两种文化的共同之处入手，使翻译学习者意识到两种文化之间是存在相同之处的，并通过比较的方式来学习两种文化的相同之处。在此基础上，翻译学习者再学习两种文化的不同之处，就会更加容易接受和学习。

另外，教育者还应该引导翻译人才在学习目的语文化的同时，通过比较或对比的方法学习中国文化，从而使翻译人才从比较学习中全面掌握中国文化和目的语文化，并培养翻译人才的文化敏感性和洞察力，使翻译人才掌握学习中国文化和目的语文化的方法，并在分析和比较中不断提高自己的跨文化交际能力。

还需要指出的是，中国文化与目的语文化的分析和比较有利于促进翻译人才的学习。翻译人才在学习这两种文化的过程中，切勿将这两种文化对立起来，而应该将这两种文化结合起来进行分析、比较和学习。

第八章　跨文化交际下英汉翻译与翻译人才培养研究

(三) 培养翻译人才的跨文化行为能力

1. 培养翻译人才在求同的基础上存异的能力

不同的文化之间不仅存在差别，同时也具有很多相同点，找到文化之间的共同点是跨文化合作取得成功的重要基础，"求同存异"也是跨文化合作中行之有效的策略和方法。在跨文化交际与合作过程中"求同"，符合中国文化中的"世界大同"的价值观，是创建和谐的跨文化关系的重要途径。

在跨文化交际的影响下，交际者所面临的交际环境更加复杂。"求同存异"有利于交际者更加适应这一复杂的环境，有利于交际者增强与他人交际的信心，有利于克服交际障碍，促进跨文化交际的顺利进行。同时，"求同存异"是跨文化交际发展的必然，它能够激发交际者交际的积极性和主动性。另外，翻译人才要真正理解"求同存异"的含义，正确看待文化冲突与文化差异之间的关系，积极寻找不同文化之间的相同之处和不同之处，从而为跨文化交际的顺利进行提供保障。

除此之外，还需要指出的是，求同并不意味着只关注相同点，而是在理解相同点的基础上理解两种文化之间的差异。只有将"同"和"异"有机结合，才能提高翻译人才的跨文化交际能力。

2. 培养翻译人才的跨文化协同能力与团队合作能力

民族中心主义思想是普遍存在的，文化优越感也是自然现象，而一个国家政治、经济实力越强，越会促进这种文化优越感表现出来。翻译人才应当学习正确对待这一现象，同时又不滋长自己的民族中心主义趋向。

不同文化之间的差异也是可以对跨文化交际与合作起到积极作用的，不同文化之间的影响与融合，可以给文化带来新的生命力。差异往往可以是对母文化的补充和丰富，借鉴其他文化，可以使母文化获得新的发展。因此，文化之间的差异并不可怕。事实上，中国文化的发展过程本身也是求同存异的结果，是母文化融合外来文化而不断发展的成功例证。因此，应当培养翻译人才学习在跨文化团队中，多向他人学习，将中国文化与目的语文化中的差异创意地加以利用，创造出一种"第三种文化"，从而使不同的文化融合在一起产生文化协同效果。

翻译人才要真正理解中国文化与目的语文化之间的异和同，并正确处理异同之间的关系。同时，翻译学习者要积极主动地学习两种文化之间的异同点，尊重文化的差异性，并采取各种手段处理好这种差异性，从而实现跨文化协同效应。

除此之外,还需要指出的是,跨文化交际对翻译人才的合作能力也提出了一定的要求。因此,翻译人才应该在日常的学习实践中,积极主动地参与一些跨文化交际实践活动,从而不断提高自己的跨文化合作能力。

参考文献

[1] 李华钰, 周颖. 当代英汉语言文化对比与翻译研究 [M]. 长春: 吉林人民出版社, 2017.

[2] 闫丽君, 杨林. 英汉语言文化对比与翻译 [M]. 银川: 宁夏人民出版社, 2013.

[3] 张娜, 仇桂珍. 英汉文化与英汉翻译 [M]. 成都: 电子科技大学出版社, 2017.

[4] 梅明玉. 英汉语言对比分析与翻译 [M]. 杭州: 浙江大学出版社, 2017.

[5] 董晓波. 英汉比较与翻译 [M]. 北京: 对外经济贸易大学出版社, 2013.

[6] 朱晓东. 英汉语篇对比与翻译 [M]. 长春: 东北师范大学出版社, 2018.

[7] 田华. 英汉对比与翻译 [M]. 沈阳: 辽宁大学出版社, 2018.

[8] 吴得禄. 英汉语言对比及翻译研究 [M]. 成都: 电子科技大学出版社, 2016.

[9] 李侠. 英汉翻译与文化交融 [M]. 成都: 电子科技大学出版社, 2020.

[10] 吴坤. 英汉对比与译作赏析 [M]. 银川: 宁夏人民出版社, 2016.

[11] 秦礼峰. 中西文化差异下的英汉翻译技巧研究 [M]. 成都: 电子科技大学出版社, 2017.

[12] 李明, 卢红梅. 语言与翻译 [M]. 武汉: 武汉大学出版社, 2010.

[13] 宋天锡, 吴文梅. 英汉翻译教程 [M]. 武汉: 武汉大学出版社, 2011.

[14] 刘瑞琴, 韩淑芹, 张红. 英汉委婉语对比与翻译 [M]. 银川: 宁夏人民出版社, 2010.

[15] 吴全生. 实用英汉翻译教程 [M]. 成都: 西南交通大学出版社, 2016.

[16] 蒋德诚. 英汉词汇对比研究 [M]. 南京: 东南大学出版社, 2014.

[17] 郑剑委, 范文君. 翻译思维、策略与技巧 [M]. 武汉: 武汉大学出版社, 2018.

[18] 李建军,刘冰,苏涛. 英汉互译技巧与艺术 [M]. 武汉：武汉大学出版社,2017.

[19] 肖家燕,夏锡华,操时尧,等. 新编英汉翻译教程 [M]. 武汉：华中师范大学出版社,2012.

[20] 何三宁. 实用英汉翻译教程 修订版 [M]. 南京：东南大学出版社,2009.

[21] 崔姗,韩雪. 英语文化与翻译研究 [M]. 北京：新华出版社,2015.

[22] 熊兵. 英汉对比与翻译导论 [M]. 武汉：华中师范大学出版社,2012.

[23] 张肖鹏,吴萍. 英汉语比较与翻译 [M]. 成都：电子科技大学出版社,2017.

[24] 杨元刚. 英汉词语文化语义对比研究 [M]. 武汉：武汉大学出版社,2008.

[25] 王天润,黄鸣,牛小玲. 实用英汉翻译教程 [M]. 北京：国防工业出版社,2013.

[26] 邵志洪. 英汉对比翻译导论 [M]. 上海：华东理工大学出版社,2010.

[27] 贾正传. 英汉比较与翻译读本 [M]. 南京：南京大学出版社,2014.

[28] 白雅. 英汉翻译中的修辞学研究 [M]. 北京：经济管理出版社,2017.

[29] 孔祥娜,李云仙. 英语翻译方法与技巧演练 [M]. 长春：吉林美术出版社,2018.

[30] 魏在江. 英汉语篇连贯认知对比研究 [M]. 上海：复旦大学出版社,2007.

[31] 彭萍. 实用英汉对比与翻译 英汉双向 [M]. 北京：中央编译出版社,2009.

[32] 王武兴. 英汉互译指导与篇章翻译 [M]. 北京：朝华出版社,2004.

[33] 何三宁,唐国跃,范勇. 实用英汉翻译教程 [M]. 南京：东南大学出版社,2005.

[34] 李建军. 新编英汉翻译 [M]. 上海：东华大学出版社,2004.

[35] 孙致礼. 新编英汉翻译教程 [M]. 上海：上海外语教育出版社,2003.

[36] 朱风云,谷亮. 英汉文化与翻译探索 [M]. 北京：北京理工大学出版社,2017.

[37] 冯文坤. 语言·文学·翻译研究 [M]. 成都：电子科技大学出版社,2016.

[38] 刘玮, 夏增亮, 马冬梅, 何蓉, 周梅. 新编英汉互译理论与实践 [M]. 兰州: 甘肃人民出版社, 2012.

[39] 罗左毅. 英汉实用翻译教程 [M]. 南京: 南京大学出版社, 2012.

[40] 秦洪武, 王克非. 英汉比较与翻译 [M]. 北京: 外语教学与研究出版社, 2010.

[41] 周玉忠, 乔幪, 李霞. 英汉互译教程 [M]. 银川: 宁夏人民教育出版社, 2007.

[42] 刘小云. 应用翻译研究 [M]. 成都: 电子科技大学出版社, 2009.

[43] 方梦之. 应用翻译研究 原理、策略与技巧 [M]. 上海: 上海外语教育出版社, 2013.

[44] 张全. 全球化语境下的跨文化翻译研究 [M]. 昆明: 云南大学出版社, 2010.

[45] 胡蝶. 跨文化交际下的英汉翻译研究 [M]. 长春: 东北师范大学出版社, 2018.

[46] 王恩科, 李昕, 奉霞. 文化视角与翻译实践 [M]. 北京: 国防工业出版社, 2007.

[47] 谭焕新. 跨文化交际与英汉翻译策略研究 [M]. 北京: 中国商业出版社, 2018.

[48] 胡曙中. 英汉修辞跨文化研究 [M]. 青岛: 青岛出版社, 2008.

[49] 张威, 董娜. 英汉互译策略对比与应用 [M]. 北京: 北京语言大学出版社, 2011.

[50] 冯庆华总. 英汉翻译基础教程 [M]. 北京: 高等教育出版社, 2008.

[51] 任虹. 翻译引论 [M]. 南京: 东南大学出版社, 2007.

[52] 兰萍. 英汉文化互译教程 [M]. 北京: 中国人民大学出版社, 2010.

[53] 戎林海. 新编实用翻译教程 [M]. 上海: 上海外语教育出版社, 2010.

[54] 蔚然, 赵韶丽, 杜会. 当代英语翻译理论与实践的多维视角研究 [M]. 北京: 中国商务出版社, 2019.

[55] 蔡荣寿, 朱要霞. 翻译理论与实践教程 [M]. 北京: 中国广播电视出版社, 2009.

[56] 胡伟华. 实用英汉翻译教程 [M]. 西安: 西北工业大学出版社, 2006.

[57] 杜争鸣, 陈胜利. 英汉互译原理与实践教程 [M]. 北京: 中国经济出版社, 2008.

[58] 白靖宇. 文化与翻译（修订版）[M]. 北京：中国社会科学出版社，2010.

[59] 祝东江，张希萌，李华锋，等. 实用英语翻译[M]. 北京：北京师范大学出版社，2015.

[60] 廖国强，江丽容. 实用英汉互译理论、技巧与实践[M]. 北京：国防工业出版社，2011.

[61] 邵志洪. 翻译理论、实践与评析[M]. 上海：华东理工大学出版社，2003.

[62] 罗菁. 英汉语篇对比与翻译研究[M]. 北京：新华出版社，2016.

[63] 刘娜. 英汉基本颜色词对比研究[M]. 北京：国际广播出版社，2017.

[64] 俞利军. 英语翻译理论与实践论文集[M]. 北京：对外经济贸易大学出版社，2009.

[65] 余东. 英汉翻译散论[M]. 武汉：武汉大学出版社，2015.

[66] [英] 爱德华·泰勒. 原始文化[M]. 连树声，译. 上海：上海文艺出版社，1992.

[67] 李雯，吴丹，付瑶. 跨文化视阈中的英汉翻译研究[M]. 长沙：湖南师范大学出版社，2018.

[68] 王英鹏. 跨文化传播视阈下的翻译功能研究[M]. 上海：上海交通大学出版社，2016.

[69] 陈莹，吴倩，李红云. 英语翻译与文化视角[M]. 长春：吉林人民出版社，2020.

[70] 周兴华. 翻译教学的创新性与前瞻性体系研究[M]. 长沙：湖南师范大学出版社，2018.

[71] 黄振定. 翻译学论纲[M]. 北京：外语教学与研究出版社，2009.

[72] 吕俊. 论翻译研究的本体回归——对翻译研究"文化转向"的反思[J]. 外国语，2004（4）.

[73] 尹益群. 英汉文化比较与翻译探析[M]. 北京：中国时代经济出版社，2013.

[74] 马亚丽. 翻译人才培养新模式与翻译教学改革研究[M]. 成都：电子科技大学出版社，2019.

[75] 王国华. 英语思维与跨文化交际能力研究[M]. 北京日报出版社，2019.

[76] 赵友斌. 中西文化比较[M]. 长春：吉林人民出版社，2017.

[77] 李建军，李贵苍. 跨文化交际 [M]. 武汉：武汉大学出版社，2011.

[78] 刘荣，廖思湄. 跨文化交际 [M]. 重庆：重庆大学出版社，2015.

[79] 张春花. 英汉翻译中的跨文化视角转换 [J]. 校园英语，2021（37）.

[80] 邱光华. 英汉翻译中的跨文化视角转换及翻译技巧 [J]. 英语教师，2018（11）.

[81] 马晋红. 英汉思维差异对跨文化交际的影响 [J]. 吕梁教育学院学报，2017（04）.

[82] 王琳. 汉英思维的差异与跨文化交际 [J]. 山西高等学校社会科学学报，2006（06）.